D1749394

Hedwig u. Gottfried Brenner   Zum Andenken und Nachdenken

Hedwig und Gottfried Brenner

Zum Andenken und Nachdenken

Kurzgeschichten, Lyrik und Malerei
aus Czernowitz und Israel

Herausgegeben von Erhard Roy Wiehn
Hartung-Gorre Verlag Konstanz

Umschlag-Titelfoto (Heinz Rosengarten): Hedwig und Gottfried Brenner, fotografiert nach ihrer standesamtlichen Trauung am 17. Februar 1939 im Hause ihrer Freunde Anny und Heinz Rosengarten in Putna (Bukowina); beide wurden 1943 im Lager Michailowka jenseits des Bug, erschossen. – Rückseite: Hedwig Brenner im November 2009 in Haifa (Foto Roy Wiehn); Herstellung: Bookstation GmbH, Sipplingen, Bodensee / Germany.

1941–2011
70 Jahre Überfall der deutschen Wehrmacht auf die Sowjetunion und Beginn der Schoáh in allen deutschbesetzten Gebieten, so im Baltikum, in Kiew Babij Jar und der ganzen Ukraine, in Rußland, Weißrußland, usw.

Bibliographische Information Der Deutschen Bibliothek
Die Deutsche Bibliothek verzeichnet diese Publikation in der Deutschen Nationalbibliographie; detaillierte bibliographische Daten sind im Internet über <http://dnb.ddb.de> abrufbar.

© bei den Verfassern / by the authors.
Alle Rechte vorbehalten/All rights reserved
Erste Auflage /First Edition 2011
Hartung-Gorre Verlag Konstanz Germany
ISBN 978-3-86628-399-2 & 3-86628-399-7

Inhalt

Hedwig Brenner: Danksagung 9
Hedwig Brenner: Kleine Lebensweisheiten 10
Christel Wollmann-Fiedler: Ein literarischer Schatz 11

Hedwig und Gottfried Brenner: Zum Andenken und Nachdenken 13

Hedwig Brenner

Rückruf – So entsteht eine Geschichte 13
Der Bischof von Toledo 14
Jerusalem und Beth-Abraham 18
Der verhängnisvolle Knopf 20
Kinderhände 23
Ein wenig Freude 24
In der Bibel 25
Wunder am Chanukka-Fest 26
Der Urwald 30
Lied einer Blinden 32
Die Bonbonniere 35
Das Alter 36
Das Talent 38
Das Hoffen 39
Was ist Glück? 40
Das Herz einer Mutter 42
Der Tropfen 45
Ein Matura-Jubiläum 47
Zehn Jahre danach 49
Friedhof der begrabenen Wünsche 53
Eltern, tja Eltern wozu? 54
Frühlingsmorgen 55
Der Blitzableiter 56
Ein Kind fragte 58
Traum 59
Umsiedlung 60
Der Mensch im Universum 61
Ich liebte die Menschen 63
Ein Gramm 64
Wettlauf 65
Es war einmal 67

Mutter	69
Frühling in Wien	70
Ich an dich	71
Israelis	72
Gegenwart	73
Karussell	74
Verteilung	76
Freundschaft	77
Ein Mädchen wartet	78
Das Kolosseum in Rom	79
Spatzen	82
Zum Andenken und Nachdenken	83
Namen und Namenwechsel	85
Neueinwanderer in Israel	87
Am Himmel ziehen schwarze Wolken	90
Die leere Straße	93
Die Cognac-Flasche	96

Gottfried Brenner

Im Park	97
Sonntagnachmittag	98
Straßensänger	99
Frühlingslied	101
Frühling	103
Novemberwind	104
Es fiel ein Stern	105
Park im Sommer	107
Hast du schon mal?	108
Am Brückensteg	109
Vision	110
Herbst	111
Weißt du noch?	112
Am See	113
Aquarell	115
Blütensterben	116
Sie	117
Echo	118
An Eine	119
Deutschland – Ein Sommermärchen	121

Kleine Ballade	124
Kinderzeit, Kinder der Zeit	125
Der Traum	126
An L.	127
Jahreszeiten	128
Haifa	129
An eine Freundin in Davos	131
Neu-Einwanderer	133
Ein Märchen	135
Wunsch	138
Eine Stunde mit Max Brod	140
Prager Brief	145
Hedwig Brenner	148
Gottfried Brenner	149
Paul Brenner	150
Michael Brenner	150
Herausgeber	150
Czernowitz- und Israel-Literatur der Edition Schoáh & Judaica	152

Ich widme dieses Buch dem Andenken an Gottfried, der mich nach 60 Jahren ohne Vorwarnung verließ, und meinen Kindern Paul, Angelika, Michael, Margret, sowie meinen Enkeln Dan, Shachar, und Andrew.

Hedwig Brenner

Gottfried Brenner, Stillleben, Öl auf Leinwand, 1930.

Danksagung

Oft fehlen mir die Worte, meine Gedanken und Gefühle richtig zu formulieren, in Sätze umzuwandeln, sie aufschreiben... Mein ganz besonderer Dank geht an Prof. Erhard Roy Wiehn, der 1994, als ich ihm mein erstes, auf der Schreibmaschine getipptes Manuskript übergab, nicht ahnen konnte, daß er in den folgenden 17 Jahren sechs meiner Bücher herausgeben würde.

Ich bedanke mich auch bei meinem guten Freund Hans Hermann Reichert in Neustadt/Pfalz für das erste Lektorat dieser Gedichte und Kurzgeschichten und – last not least – bei den Sponsoren: Pamela und Werner Loval (Jerusalem) sowie Hertha und Kurt Rodan (Haifa).

Hedwig Brenner

Das Geheimnis des Lebens liegt nicht darin, zu tun, was man liebt, sondern zu lieben, was man tut.

Hedwig Brenner

Kleine Lebensweisheiten

Ist das Leben nicht mit einer Waage vergleichbar?
Ja, das ist es. du stehst auf dem Balken und versuchst die Schalen im Gleichgewicht zu halten...
Ist das Leben nicht ein stetes Ringen?
Ja, ein stetes Ringen mit den andern und mit dir selbst.
Ist das Leben nicht ein Theaterstück?
Jawohl, mal Komödie, mal Tragödie, mal beides. Nicht immer spielst Du die Rolle, die zu dir paßt.
Ist das Leben nicht eine große Grube?
Ja, das ist sie. Du stehst am ihrem Rand und versuchst, nicht hinein zufallen.
Ist das Leben nicht eine ewige Jagd nach dem Glück?
Glück ist ein abstraktes Wort, ein erfundenes Synonym für Wohlergehen...
Du läufst dem Glück nach, und gar zu oft läuft es hinter dir her...
Ist das Leben nicht wie ein Fußballmatch?
Ja, du spielst den Tormann und mußt auf der Hut sein, die Bälle, die das Schicksal dir schießt, rechtzeitig abzufangen...
Ist das Leben nicht ein Traum, an dessen Ende das Erwachen wartet?
Ob es für jedermann ein Traum ist, das ist Ansichtssache. Aber am Ende das Erwachen? Ich glaube, eher folgt da der richtige traumlose Schlaf... Vielleicht gibt es ein sanftes Hinübergleiten... und eine Wiederkehr, über die noch niemand berichtet hat.

Christel Wollmann-Fiedler

Ein literarischer Schatz

Gedichte und Geschichten entstandenen im langen Leben von Hedwig und Gottfried Brenner. Erinnerungen und Lyrik von damals, auch Lebensweisheiten und persönliche Erlebnisse haben diese beiden begnadeten Erzähler geschaffen, die Hedwig Brenner, die Unermüdliche, gesammelt und nun in diesem Buch veröffentlicht hat.

Umtriebig und unermüdlich hat Hedwig Brenner, die fast Dreiundneunzigjährige, diesen literarischen Schatz gesammelt. Zusammengebündelt wurde er in diesem wunderbaren Buch. Material ihres vor zwölf Jahren verstorbenen Ehemannes und ihres, das sie auf der Flucht in verschiedene "Heimaten" hinüberrettete bis in die zionistische Heimat vor neunundzwanzig Jahren, ist nun vereint in diesem Buch.

Die Erinnerungen an Czernowitz, an Wien, an ihre Reisen in verschiedene Länder, die Studienzeit von Gottlieb Brenner in Prag und über die Einwanderung ins Land der Zehn Gebote, haben literarische Spuren hinterlassen. Die Unterhaltung mit Max Brod in Prag erschien 1934 im *Czernowitzer Morgenblatt*. Gottfried Brenner und Max Brod philosophieren über Gott und die Welt, über Palästina, das Judentum, die beginnende Nazizeit, über die Zukunft der Juden mit den abschließenden Worten "ein Entweder – Oder" (S. 140 ff.). Ein Exkurs entstand über eine Zeit, in der Juden spürten, daß es schlimm werden kann für sie in der Zukunft.

Die Liebesgedichte an *sie* und die Natur, die Jahreszeiten von Gottfried Brenner enthalten Liebes- und Landschaftsbilder. Die Hommage an die verstorbene Freundin Judith Kalbeck in Wien hat Hedwig Brenner nicht vergessen, war ihr sehr wichtig. Das Stillleben, das Gottfried Brenner im Jahr 1930 in Aquarell malte, ziert den Beginn des Buches (S. 8), und Tuschezeichnungen (S. 34 u. 139) aus verschiedenen Jahren sind beim Umblättern zu sehen. Malereien des ältesten Sohnes Paul Brenner (S. 150), die in den letzten Jahren mit Begeisterung entstanden, wurden gedruckt im Buch der Eltern (S. 12, 29, 31, 46, 57, 62, 66, 68, 92, 106, 114, 123, 132).

Berlin, im August 2011

Paul Brenner, Rückruf, Acryl auf Leinwand, 2009.

Hedwig und Gottfried Brenner
Zum Andenken und Nachdenken

Hedwig Brenner

Rückruf – So entsteht eine Geschichte

Aus dem unendlichen, weiten Meer
Meiner Erinnerungen,
Jahr um Jahr, Tag für Tag,
Im Laufe meines langen, langen Lebens
Gesammelt,
Wähle ich einen Brocken.
Ich rufe ihn
Und warte.

Über Felsen, Flüsse, durch Wälder.
Über Hindernisse,
Fast unüberwindbare,
Von Raum und Zeit
Des Gedächtnisses,
Bahnt sich dieser Brocken
Eines Erlebnisses,
Seinen Weg ins Bewußtsein...

Endlich schleicht er sich heran.
Scheu, fast ängstlich
Ob er auch nicht zu spät
Sein Ziel erreicht hat...

Ich nehme ihn an der Hand
Und bringe ihn ans Licht...

So entsteht eine Geschichte...

Der Bischof von Toledo

Dank der "Pragmatischen Sanktion", der Gesetzgebung, durch die Kaiser Karl VI., auch Frauen das Recht des Regierens einräumte, wurde Maria Theresia 1740, im Alter von 27 Jahren zur Erzherzogin von Österreich gekrönt. Fünf Jahre danach war sie, die tatsächlich die Regentschaft innehatte, dann auch durch ihren Mann, Franz I., Kaiserin des Heiligen Römischen Reiches. Damals konnte sie noch nicht ahnen, daß 20 Jahre danach ein kirchlicher Würdenträger aus dem fernen Spanien an ihrem Hof Obdach suchen und ihre Gunst erwerben würde.

Es geschah in den 60er Jahren des 18. Jahrhunderts, als ein katholischer Bischof aus Toledo um eine Audienz bei der Kaiserin ansuchte. Sie war bereits informiert, daß der besagte Bischof nicht in diplomatischer Mission, sondern eher als Flüchtling ohne Gefolge nach Wien gekommen war. Da auch schon in jenen Jahren eine sogenannte Sicherheitspolizei existierte, wurden solche Nachrichten sogleich dem Hof gemeldet. Um so größer war die Neugier der Kaiserin, sich mit diesem Bischof zu unterhalten und den Grund seiner Flucht zu erfahren. So wurde dem Bischof Raphaelo d'Aquilar die Audienz bewilligt. Sie war von der charismatischen Erscheinung und von der Bildung des Bischofs sehr beeindruckt, und so wurde er nach kurzer Zeit einer ihrer Berater. Die Kaiserin kannte die Geschichte der Inquisition in Spanien und Portugal der vergangenen Jahrhunderte und ließ sich nun auch über die letzten Ereignisse informieren.

Wer war Raphaelo d'Aquilar? 200 Jahre zuvor waren seine Vorfahren Juden. Sie wollten ihre spanische Heimat nicht verlassen und konvertierten zum Katholizismus. Von der christlichen Bevölkerung wurden sie "Neu-Christen" oder "marranos" - "Schweine" - genannt, das lag aber viele, viele Jahre zurück und niemand kümmerte sich darum. Viele seiner Verwandten waren in den Gefängnissen verschwunden, wurden gefoltert, da sie die Namen von Freunden nicht preisgeben wollten, und starben auf Scheiterhaufen. Raphaelo d'Aquilar war der älteste Sohn einer angesehenen, wohlhabenden Familie, die auf einige Generationen hoher Regierungsbeamte und kirchlicher Würdenträger in ihrer Familiengeschichte zurückblickte. Seit nicht allzu langer Zeit zum Bischof von Toledo ernannt, bewohnte er mit seinem jüngeren Bruder Jacobo und einigen Dienern das Palais der Familie. Seit seiner frühesten Jugend modellierte er in Ton Büsten, Figuren und anderes mehr. Er hatte in den Kellerräumen des Hauses sein kleines Atelier eingerichtet, das er verschlossen hielt.

Das Spitzelsystem funktionierte wie in allen Diktaturen. Es genügte, daß ein Diener oder ein verkappter Freund eine Anzeige erstattete und berichtete, die betreffende Familie lege am Sabbat reine Wäsche an, decke den Tisch mit reinen Tüchern, faste an gewissen Feiertagen, verspeise zu Ostern bittere Gewürze oder entzünde gar freitags Kerzen, um diese Familie des Nachts auszuheben und unter Folter zu Geständnissen zu zwingen. Die Strafen waren verschieden. Ein öffentlicher Widerruf im Falle der Reue und der Verrat eines "Neu-Christen" wurden oft mit der Befreiung belohnt. Diejenigen aber, die zu ihrem Glauben, zum Judentum standen, wurden auf dem Scheiterhaufen verbrannt. So wurden im Laufe von drei Jahrhunderten bekannte Persönlichkeiten, Gemeinderäte, Wissenschaftler, Ärzte, und sogar kirchliche Würdenträger beschuldigt, den jüdischen Glauben zu praktizieren und zum Tod durch Verbrennen verurteilt. Darunter sind Namen wie Diego de Susan, Pedro Fernandez Benadeva, Gabriel de Zamora. Sie waren wohlhabende Marranen, ihre Häuser und ihr gesamtes Vermögen fielen der königlichen Schatzkammer zu.

Ja, die Geschichte wiederhol sich immer wieder...

War es Neid, war es Unzufriedenheit mit seinem Lohn oder die Aussicht auf eine hohe Belohnung, die Raphaelo d'Aquilars Diener Miguel zum Spitzel machten? Er beobachtete längere Zeit seinen Herrn und wäre allzu gerne ins Atelier gegangen, doch konnte er keinen passenden Nachschlüssel finden. Er erstattete Anzeige bei der Inquisition und behauptete, der Bischof sei zum Judentum zurückgekehrt, da er sich besonders an Freitagen in den Keller begebe, vermutlich um Kerzen zu entzünden. Der Bischof wurde zwar nicht verhaftet, sein Name wurde jedoch zwecks Beobachtung auf eine "schwarze Liste" gesetzt. Er wurde darüber informiert und Freunde rieten ihm, die Stadt sofort zu verlassen. In der gleichen Nacht verließen beide Brüder Toledo. In ihrem spärlichen Gepäck befanden sich der bischöfliche Ornat, die Mitra, der Bischofsstab, der Bischofshut, das Bischofskreuz und die Bischofsringe mit Smaragden.
Die Flucht der Brüder war für die Inquisitoren der schlagende Beweis ihrer Abtrünnigkeit, ihrer Rückkehr zum Judentum. Als man die Kellertür aufbrach, fanden die Vertreter des "Heiligen Offiziums" sowohl Figuren, Köpfe berühmter, zeitgenössischer Persönlichkeiten, wie auch tönerne Leuchter. Diese letzteren waren genügende Beweise seiner Rückkehr zum Judentum. Man beschlagnahmte das Palais und sein gesamtes Vermögen. Der Bischof wurde "in effigie" verurteilt, indem man sein Bild verbrannte.
Man schrieb das Jahr 1760. In dieser Zeit waren die Inquisitoren ziemlich arbeitslos. Die Mehrzahl der Juden war entweder zwangsgetauft oder nach England, in die Niederlande, ins Osmanische Reich oder nach Nordafrika geflüchtet. Dank seiner guten Verbindungen gelang es dem Bischof und seinem Bruder, über Frankreich nach Österreich zu reisen und, wie erwähnt, eine Audienz bei Kaiserin Maria Theresia zu erreichen.
Jacobo, sein Bruder, wurde von der Kaiserin dem Grafen von Sterrenberg anempfohlen. Er übernahm die Pacht der Güter und weiten Ländereien des Grafen in Hodecin, Böhmen. Er kehrte zum Judentum zurück und heiratete

Henriette Lünberg, die einer wohlhabenden jüdischen Familie angehörte und Weinberge in Mähren besaß. Auch änderte er seinen Namen auf Weiner.

Jakob Weiner und seine Gattin Henriette hatten viele Kinder. In ihrem Besitz war auch einer der Bischofsringe, der jeweils der ältesten Tochter als Hochzeitsgeschenk gegeben wurde. Bischof Raphaelo ging in den 70er Jahren des 18. Jahrhunderts nach London. Er trat wieder zum Judentum über und fügte seinem Namen den zweiten Vornamen Moses hinzu. Er gründete eine Importfirma, führte aus Kuba Tabak und Zigarren ein, die im damaligen England sowohl bei Hof wie auch von der englischen Aristokratie geraucht wurden. Das Geschäft blühte, und er wurde von der englischen Königin zum Ritter geschlagen. Er verstarb Anfang des 19. Jahrhunderts zu einer Zeit, als Manuel Rodriguez de Carvalho und Isabella Mendez auf Grund einer Anzeige in Portugal auf dem Scheiterhaufen verbrannt wurden.

Moses Raphaelo d'Aquilar hinterließ ein gewaltiges Vermögen von rund 40 Millionen Pfund, und da er als Junggeselle starb, sollte das Vermögen dem englischen Kronschatz zufallen. Laut englischem Gesetz wird eine solche Erbschaft aber 300 Jahre lang von der Bank of England verwaltet, und wenn sich innerhalb dieser Zeit keine Erben finden, so fällt diese Summe definitiv dem englischen Kronschatz zu.

Ein ganzes Jahrhundert und noch mehr war seit dem Tode von Lord Moses Raphael d'Aquilar verstrichen, bis endlich die verschiedenen Zweige der Familie Weiner, Nachkommen von Jakob Weiner, sich 1931 in Pistyan, in der damaligen Tschechoslowakei zu einer Familienversammlung trafen. Sie trugen in der Zwischenzeit durch Heirat oder Namensänderung auch andere Namen, wie Agular, Woinec, Roth, Bohricek. Nachkommen mit dem Namen Weiner lebten damals noch auf den böhmischen Gütern in Hodecin, die Agulars wohnten in Ungarn, und andere Familienmitglieder waren in der Slowakei zu Hause.

Zu diesem Familientreffen kamen auch Verwandte aus Australien, New York, Chicago, Warschau, Stockholm, Wien, Agram (Zagreb), u.a. ein. Es ist interessant, daß auch Graf Coudenhove-Kalergi, der bekannte Schöpfer des "Pan-Europa"-Projektes, sich als erbberechtigt meldete, weil seine Mutter aus der Familie Weiner stammte. Auch die Großmutter von Baron Grödl aus Wien kam aus dieser Familie.

Jeder der erbberechtigten Verwandten des Lord Moses Raphaelo d'Aquilar besaß wertvolle Dokumente, Reliquien, Briefe, Ringe, die sorgsam und wohlbehütet aufbewahrt samt der Geschichte des Lords von Generation zu Generation weitergegeben wurden, um die Abstammung beweisen zu können. Alle Erben hatten sich seelisch auf die Erbschaft vorbereitet und diesem Treffen sehnsüchtig entgegengesehen. Bei dieser Konferenz wurde Dr. Isidor Agular, einem Rechtsanwalt aus Jugoslawien, die Vollmacht erteilt, die 145 Familienmitglieder in dieser Sache zu vertreten. Er sollte nach London reisen, um endlich Licht in diese Angelegenheit zu bringen.

Er war Optimist. Die englischen Rechtsanwälte der Bank of England stellten viele Bedingungen: Außer dem Bischofsring, der Stola, dem Bischofsstab etc. mussten auch Photographien der Gräber der Familie Weiner in Hodecin vorgelegt werden. Der Friedhof existierte aber nicht mehr, oder, besser gesagt, das Grab konnte nicht mehr identifiziert werden. Das Tagebuch von Jacobo d'Aquilar – recte Weiner – samt der Geschichte des Lords, befanden sich zum Zeitpunkt des Treffens noch im Besitz der Weiners in Hodecin.

75 Jahre und ein Weltkrieg liegen zwischen jenem Familientreffen in Pistyan (Piešťany, nördlich von Bratislava)) und dem Interview mit der Großnichte des Bischofs... Wie viele dieser Nachkommen haben den Krieg in Europa überlebt, wie viele starben in den Vernichtungslagern? Wurde die Erbschaft den Erben ausbezahlt?

Alicia hat ihren B.A. an der "Bezalel"-Akademie in Jerusalem für Kunstgeschichte erworben. Sie ist Malerin, Bildhauerin und Ur-Urenkelin der Henriette Weiner. Sie besitzt noch ein Stück der Bischofsstola und den Smaragdring des Bischofs. Aber die letzte Bedingung, die Photographie des Grabes, die kann sie nicht erbringen. Sowohl das Grab, wie auch der gesamte Friedhof, sie existieren nicht mehr.

Es heißt, Königin Elisabeth von England habe mit diesem Geld eine Winterbehausung für die Londoner Schwäne erbauen lassen (so die Großnichte des Bischofs) – sie habe es somit einem nützlichem Ziel zugeführt – behauptet die Künstlerin Alicia...

(Nach einem Artikel in der Wiener Freien Presse, Mai 1931, Nr. 231: "Die Erben des Jako d'Aquilar beraten" von Paul Paal und einem Interview mit der Künstlerin Alicia 2003)

Jerusalem und Beth-Abraham

Oh Wanderer, sollten dich deine Schritte in der nächsten Zeit nach Jerusalem führen, wirst du gewiß sehr überrascht sein. Diese einzigartige Stadt ist einer Metamorphose unterworfen worden. Nur die Jahrtausende alte Altstadt, mit allen Wahrzeichen der drei großen Religionen ist unverändert und herrlich geblieben. Das neue Jerusalem hingegen ist in stetem Aufbruch, in unaufhörlichem Aufbau. Unterführungen bringen dich von einem Stadtteil zum anderen, lange Überbrückungen, neue stromlinienartige Boulevards verbinden Maále Adomím, die judäische Wüste mit seinem phantastischem Panorama durchschneidend, mit den modernsten Bauten der Neustadt. Fährst du durch einen langen, taghell erleuchteten Tunnel unter dem Scopusberg, steht über dir die hebräische Universität und das Hadássa Hospital. Und die alte Kótel ("Klagemauer") erwartet Tausende Betende, Tausende Briefchen werden täglich in die Ritzen der alten Mauer gesteckt. Einmal fragte ein Kind seine Mutter: "Was ist eine Mauer?" Und die Antwort der Mutter lautete: "Dies ist ein Ding, das teilt, zwei Räume, zwei Welten, und vieles mehr." Die Kleine, die oft über die Klagemauer reden hörte, fragte: "Und die Klagemauer, was soll diese?" Die Mutter antwortete: "Dies ist die einzige Wand, die nicht teilt, sondern verbindet alle Juden der fünf Erdteile."

Bei den Marienschwestern in Beth-Abraham

Nicht viele Jerusalemer Bürger kennen das kleine Haus in Talpiót. Es ist eine Art Erholungsheim für Überlebende des Holocaust. Ein wunderbares Erholungsheim, aber wie und wann wurde es gegründet? Dr. Klara Schlink wurde 1904 in Düsseldorf geboren. Nach einem Studium der Psychologie, Philosophie und Kunstgeschichte und nach einer Lehrzeit von einigen Jahren wurde sie Leiterin der christlichen Studentinnen-Bewegung, hielt Vorträge und lehrte, daß Israel eine Zukunft als Gottes auserwähltes Volk habe.[1] Sie wurde deshalb zweimal verhaftet und von der Gestapo verhört. Auch hatte sie es abgelehnt, den Arierparagraphen in der Bewegung einzufügen. Eine sehr tapfere Frau. 1947 gründeten Dr. Klara Schlink, nun Mutter Basilea, gemeinsam mit Mutter Martyria, die evangelische Marienschwesternschaft. Eine Bußbewegung, die sich zum Ziel gesetzt hatte, die nationale Schuld am jüdischen Volk öffentlich zu machen und sich für die Versöhnung zwischen Juden und Christen einzusetzen, Brücken zu bauen zwischen den Nationen nach dem Motto:

"Je näher wir dem Herzen Gottes sind, desto näher sind wir uns untereinander."

---

[1] Israel-Literatur hier Seite 153/54.

1981 eröffneten sie Beth-Abraham in Jerusalem. Angeregt durch Mutter Basiläas Versöhnungsdienst, fanden sich ca. 1000 Christen aus über 25 Ländern im April 2001 in Jerusalem ein, um einen Bußgottesdienst unter dem Titel "Pflüget ein Neues" im Kibbuz Ramat Rachel zu veranstalten. Während dieser Konferenz wurde das Versprechen abgegeben, gegen jeglichen Antisemitismus zu stehen. Ihr Motto war und ist: "Israel, du bist nicht allein."

In diesem Erholungsheim Beth-Abraham verbrachte ich sieben Tage, mit sechs anderen Überlebenden des Holocaust. Die Schwestern Irene, Gratia und Eugenia, wie auch Marina, die junge Volontärin aus Süddeutschland, umgaben uns mit viel Liebe, verwöhnten uns, wie es nur liebende Mütter für ihre Kinder tun. Außer dem herrlich zubereitetem Essen an der schön gedeckten Tafel, wurden uns in täglichen Ausflügen die ewige Stadt und ihre einzelnen Außenbezirke und Gebäude historisch erklärt. In den Mußestunden bot uns der kleine Garten mit Blumen, Rasen und Laube Ruhe in der guten Luft und Schatten. Da konnten wir plaudern und uns an unsere Heimatstadt Czernowitz erinnern,[2] erlebte Geschichte erzählen oder lesen, da wir alle sieben aus der Bukowina stammten. Einige sogar aus der österreichisch-ungarischen Monarchie unter Kaiser Franz Josef I.

Am Freitag abend wurden Kerzen am der feierlich gedeckten Tafel angezündet, der einzige Mann in unserer Runde verrichtete den *Kiddusch* (Segenssprüche über Wein und Brot), und die Schwestern gestalteten den Eingang des Schabbats mit Gebet und Festmahl, wie wir ihn vielleicht in unserem Elternhaus dazumal erlebt hatten. Habt Dank, liebe Schwestern und führt Euer Werk weiter unter der Hand Gottes!

---

[2] Hedwig Brenner, Mein altes Czernowitz – Erinnerungen aus mehr als neun Jahrzehnten 1918–2010. Konstanz 2010.

Der verhängnisvolle Knopf

Warum die Zahl 13 zu den Pechzahlen und der "Dreizehnte" zu den Pechtagen zählt, konnte mir niemand erklären.[3] Sollte dies ein Aberglaube wie der "Böse Blick" sein? Oder sollte es auf einer historischen oder religiösen Begebenheit aus grauer Vorzeit beruhen, die von Generation zu Generation weitergegeben wurde? – Vielleicht ...

Das Geheimnis um die Zahl 13 ist eng mit der Zahl 12 verbunden, warum aber? Nun – das Jahr hat 12 Monate, Tag und die Nacht haben je 12 Stunden. Es gibt 12 Apostel und 12 Patriarchen, und die Buddhisten haben ihre 12 Priester. Die Zahl 12 ist durch 2, 3, 4 und 6 teilbar, und Zeus regierte, Platon und Ovid zufolge über 12 Götter.

Die 13 hingegen gilt als mysteriöser Anfang eines neuen Zyklus, das 13. Kapitel der Apokalypse ist dem "Antichrist" gewidmet. Odysseus wurde nicht vom Zyklopen getötet, obwohl er der 13. unter seinen Kameraden war, und die Woche der Azteken zählte 13 Tage...

Noch heute glauben manche Engländer, daß Brände und Fluten der Zahl 13 zu verdanken seien. Deshalb verläßt kaum ein Schiff an einem 13 einen englischen Hafen. In englischen Straßen fehlt die Hausnummer 13, und in den Hochhäusern gibt es kein 13. Stockwerk.

Bei Empfängen wird in guten französischen Hotels von der Direktion ein eleganter Herr zur Verfügung gestellt, um die Zahl der Gäste nach oben abzurunden. Die alten Römer hingegen liebten die 13. Im römischen Kalender zählten sie zu den glücklichsten Tagen des Monats, sie sind bis heute in Italien beliebt.

Der 13. erscheint jeden Monat, und ich habe den Eindruck, diese Zahl verfolgt mich, vielleicht nicht nur mich, auch andere. In den Kriegsjahren wohnten wir in Czernowitz in der Maria-Theresiengasse – ein viel zu pompöser Name für diese kurze Gasse – in dem Haus mit der Nummer 11 A. Das davor stehende Haus trug ein Schild mit der Nummer 11, das folgende die Nummer 15. Das ist heute noch so, obwohl die Straße sechs Mal ihren Namen gewechselt hat, je nachdem wer der Besitzer oder Besatzer war: Österreich, Rumänien, die Sowjetunion, Rumänien, Sowjetunion, Ukraine.

Aus diesem verkappten Haus mit der Nummer 13 wurden wir in den ersten Tagen nach der Rückgabe der Bukowina an Rumänien 1941 von rumänischen Gendarmen verhaftet. Alle jüdischen Männer aus diesem Haus wurden von der SS in den Kulturpalast gebracht, sie sollten erschossen werden, ein Wunder rettete sie. Aus dieser verkappten Nummer 13 wurden wir ins Ghetto getrieben. Und dann hatten auch noch die Leute vom NKWD 1945 mit den Bewoh-

---

[3] Dazu http://de.wikipedia.org/wiki/Dreizehn

nern dieses Hauses ihren Spaß. Das alles geschah im vergangenem Jahrhundert. Geschichte der Zeit – Zeitgeschichte.

Nun sind wir in Israel und wohnen nicht Nummer 13. Aber es war der 13. Tag des Monats Mai. Wir hatten einige Einkäufe zu tätigen und wollten danach einen kleinen Ausflug in den Wald auf dem Berg Karmel machen. Wir genossen das herrliche Frühlingswetter, die Luft war lau und vom Duft der Zitrusblüten getränkt. Und vor unseren Fenstern blühte ein Akazienbaum.

Vor dem Haus stand unser Opel Kadett, den wir am Vortage noch schön gewaschen hatten. Doch der Tau, der nachts fällt, hatte Flecken auf den Lack gezeichnet. Die mußten weggeputzt werden. Nach getaner Arbeit waren wir bereit loszufahren. Wir setzten uns in den Wagen, doch der Motor sprang nicht an, er streikte wieder einmal. Was tun?

In solchen Fällen steigen vernünftige Menschen aus und warten ohne Aufregung auf den Bus. Aber Männer lieben ihren Wagen, manche sogar mehr als die angetraute Gattin. Man könnte diese seelische Bindung zum Auto mit der Liebe zu einem kleinen "Seitensprung" vergleichen: Erst werden sie liebkost, dann tauscht man sie gegen eine "Neue", aber keine Regel ohne Ausnahmen, und mein Mann gehörte dazu.

"Am Nachmittag wird man ihn in die Garage bringen", versicherte er mir ganz gefaßt nach einem Telefongespräch mit dem Mechaniker der Garage.

Also warteten wir an der nahen Haltestelle auf den Bus. Dieser stoppte mit knirschenden Bremsen und nahm sämtliche Wartenden auf, obwohl er bereits überfüllt war. Mir überließ ein älterer Herr "gentlemanlike" seinen Platz, da er an der folgenden Haltestelle ausstieg, mein Mann hingegen stand dichtgedrängt neben einem blonden, wallenden Lockenkopf einer sitzenden, jungen Dame. Ich bewunderte aus der Ferne voller Neid diese blondierte Haarpracht, die mal schwarz gewesen sein mußte, den Haarwurzeln nach zu urteilen. Ich habe nie, auch nicht in meiner Jugend, so herrliche Locken besessen. Ruck-Zuck – nach einigen Stationen waren wir an unserem Ziel angelangt. Ich stand auf, stieg aus und wartete auf meinen Mann. Und wartete – doch er kam nicht. Ich sah durch die Scheiben lachende Gesichter der Passagiere, sah den lachenden Fahrer nach hinten gewendet...

Nach geraumer Zeit erschien plötzlich mein Mann auf den Stufen des Busses, den blonden Lockenkopf samt zugehöriger Frau mit sich ziehend. Endlich standen beide vor mir auf dem Gehsteig. Die Blondine hielt ihren Kopf an die Brust meines Mannes gepreßt. "Was soll das?", fragte ich halb erstaunt, halb belustigt. Die ganze Situation sah einer Szene aus einem "Zigotto"- oder "Charlie Chaplin-Film" meiner Jugendjahre ähnlich, aus der Zeit der stummen Filme. Denn zu den beiden gesellte sich nun ein eifersüchtiger, wütender junger Mann, der meinen Mann mit Vorwürfen überhäufte und ihm beinahe eine

Ohrfeige verpaßt hätte, wenn ich mich nicht in die ganze Szene eingemischt hätte – ein Bild für einen modernen Werbespot...

Ältere Herren tragen gerne Sakkos. Da kann man in den vielen Taschen Notizen, Fahrkarten, Kleingeld, Schlüssel und noch vieles andere mehr verstauen. Aber diese Sakkos haben bekanntlich Knöpfe, und ein frecher Knopf des Sakkos meines Mannes hatte sich im Gedränge unbemerkt in das Labyrinth dieser blonden Locken verirrt, und als mein Mann aussteigen wollte, mußte die junge Dame nolens, volens mit... Der Knopf konnte dann nur mit einem Büschel Haare entfernt werden.

Wer trug die Schuld? Die Mode der nichtgekämmten Haare, der Sakko mit Knöpfen oder der 13.? Welch ein Glück, daß Herrenhosen mit Reißverschlüssen versehen sind!

Kinderhände

Kinderhände,
Die nach Brot sich strecken,
Kinderhände,
Die verkrampft in trock'ner Erde stecken,
Kinderhände,
Die sich an sterbende Mütter klammern,
Ohne Tränen, ohne Jammern,
20. Jahrhundert... Ist dies Zivilisation???

Kinderhände,
Die mit Autos oder Puppen spielen,
Kinderhände,
Die das Essen von sich schieben,
Kinderhände,
Die am Morgen besitzen,
Wovon sie nachts träumten,
Kinderhände,
Die nichts verschenken,
Auch nichts verräumen,
20. Jahrhundert... Ist dies Ratio???

Jeder Kopf hat zwei Fassaden,
Wie einst Janus vor Tausenden von Jahren,
Jede Münze hat zwei Flächen,
Jeder Mensch hat doch zwei Seelen,
So behauptete Herr von Goethe...

Jedes "Etwas" hat ein "Anti",
So auch die Ration.
Leben wir im Zeitalter der
"Anti-Ration" oder der
"Irr-Ration"???
"Dies ist die Frage", behauptete auch Hamlet.

Ein wenig Freude

Ich gebe dir einen HELLER, sagte meine Urgroßmutter Lea eines Tages im Jahre 1865 zu meiner Oma Rosi, als diese noch ein kleines Mäderl war. "Geh und kaufe dir ein wenig Freude, das tut gut für Körper und Seele." – "Wo kauf ich denn Freude?", hatte Klein-Rosi anno dazumal gefragt. "Für dich beim Greisler, und tue dies täglich." Und Oma Rosi kaufte um einen HELLER Brezeln, die sie gerne aß, und wurde ein fröhlicher Mensch.

"Hier hast du eine KRONE und kaufe dir täglich ein wenig Freude", sagte meine Oma Rosi zu meiner Mama, als diese noch Klein-Friedl war, "denn Freude macht wohlgemut, und fröhliche Menschen sind immer gut." Und Mama kaufte Blumen, schmückte das Haus und war stets fröhlich und guter Dinge.

"Öffne dein Händchen, ich tue was rein", sagte meine Mutter zu mir, als ich fünf Jahre alt war. Ich fand in meinem Fäustchen eine Münze von 50 GROSCHEN. "Kauf dir doch ein wenig Freude, das macht lebensfroh!" Ich ging zu unserem Nachbarn, Herrn Grün, der ein Zuckerlgeschäft hatte, kaufte Rops-Drops, saure Bonbons, und blieb mein Leben lang Optimistin.

"Geh, kauf dir doch ein wenig Freude", sagte ich zu meinem Söhnchen, als er noch ein kleiner Junge war und gab ihm 5 SCHILLINGE. Er ging in eine Buchhandlung und kaufte ein Märchenbuch und wurde ein fröhlicher Mensch.

Wie einst, vor vielen Jahren, versuchte ich das gleiche Spiel, das Generationen meiner Familie mit ihren kleinen Kindern gespielt hatten, mit meinem verheirateten Sohn. Ich gab ihm 500 Euro und sagte ihm wie einst: "Kauf dir doch ein wenig Freude!"

Er dankte und ging – und kaufte seiner Frau ein goldenes Armband...

In der Bibel

In der Bibel steht's geschrieben,
Du sollst Deinen Nächsten lieben.
Doch wer liest die Bibel heute noch...

In der Bibel steht's geschrieben,
Sollst nicht stehlen, auch nicht hehlen...
Doch befolgt dies heute jemand noch...

Trachte nicht nach des Nachbars Frau
Schrieb dort einst ein weiser Mann,
Doch mir zeige den, der's nicht tut... dann und wann.

Du sollst deine Eltern ehren,
Deinen Freunden Treu gewähren,
Sollst stets redlich sein,
Für die meisten Leute, welche Pein...

In der Bibel steht's geschrieben,
Nach den mageren Jahren sieben, kommen fette
Doch wo sind die nur verblieben,
Diese vielgelobten sieben???

Von den vielen guten Lehren
Hat befolgt die Menschheit eine ganz,
Daß sie möge sich vermehren,
Wie der Sand an allen Meeren...
Dazu braucht man keine Bibel, falls zu viele,
Mit dem Nachwuchs in den Kübel dann...

Nicht geschrieben in der Bibel
Ist die Antwort auf die Frage:
Haben alle Menschen Essen?
Hat die Bibel dies vergessen???
Ja, da tut man massakrieren,
Paar Millionen dann krepieren...
Und das Leben geht schön weiter, gar nicht heiter.

Ist denn dies die einz'ge Lösung???
Wozu denken, wozu schenken,
In der Bibel steht's geschrieben,
Du sollst deinen Nächsten lieben...
doch wer liest die Bibel heute noch?

Wunder am Chanukka-Fest

*Wer in Israel nicht an Wunder glaubt,
ist kein Realist.* (David Ben-Gurion)

Es war gerade der dritte Tag des Chanukka-Festes, an dem Gottfried, mein Mann, zur Behandlung in der Physiotherapie vorgemerkt war. Gerade zu Chanukka, zum Lichterfest, standen wir an der Busstation und warteten.

Bei vielen Völkern betet man große und kleine Götter an, in manchen Religionen glaubt man an große und kleine Propheten, in verschiedenen Ländern unserer Erde vertraut man großen und kleinen Heiligen. Bei den Juden gibt es große und kleine Feiertage. Der Vorteil der kleinen Feiertage besteht darin, daß man alles, aber auch alles, was an den großen Feiertagen verboten ist, tun darf, zum Beispiel Autofahren, Licht oder Feuer anzünden. Und anderes mehr, wie Sex...

Feiertage werden besonders von Kindern sehnsüchtig erwartet, nicht nur weil schulfrei ist, besonders zu Chanukka der süßen "Sufganiots", der Faschingskrapfen wegen, der spezifischen Süßigkeiten dieses Festes und der vielen Geschenke. Aber sie freuen sich hauptsächlich auf das Entzünden der kleinen Chanukka-Kerzen., täglich eine mehr am achtarmigen Leuchter, der Menorah.

Die Bedeutung des Lichterfestes geht auf die Makkabäerzeit zurück, als Judas Makkabi, genannt der Hammerschwinger, ein Kämpfer gegen die Seleukiden und ihre hellenistische Kultur, im Jahre 164 v.u.Z. mit dem Entzünden der Öllampe, das Heiligtum im Jerusalemer Tempel neu einweihte. Das Öl, das die Flamme speiste, sollte für einen Tag reichen, aber – dies war das Wunder – es reichte für acht Tage.

Das Wunder von Chanukka, Legende oder historische, durch die Bibel bestätigte Wahrheit? Man glaubt an das Wunder...

Nun aber zu unserer Geschichte. Wir warteten also auf den Bus, an der Haltestelle, gleich neben unserem Haus. Ein Taxi hätte die Wartezeit wohl verkürzt, unseren Geldbeutel aber stark belastet, da es sich um eine langwierige Behandlung nach einem komplizierten Armbruch handelte. Da der Bus nur alle 30 Minuten vorbeikam, hatten sich viele Menschen angesammelt. Einige schimpften, andere dösten vor sich hin. Endlich hielt der Bus vor uns, mit knirschenden Bremsen und Benzingestank. Es entstand ein Gedränge. Ich versuchte, so gut ich konnte, Gottfrieds Schulter abzuschirmen, aber gestoßen wurde man doch. Wir leben halt weder in der Schweiz, Deutschland oder Österreich, wir leben in einem jungen Land, und Jugend ist stets stürmisch. Der Bus war bereits voll besetzt, da und dort ein freier Platz. Ich entdeckte einen freien Platz neben einer Dame, Gottfried nahm mir gegenüber Platz. Wir konnten uns ansehen, aber nicht sprechen, zwischen uns war der Durchgang.

Mein Hobby ist es, auf Bahnhöfen und in Bussen oder Bus-Stationen die Menschen zu betrachten, nach ihrer Physiognomie, ihrem Gehabe und ihrem Auftreten ihren Beruf zu erraten. Es macht mir einfach Spaß, es ist eine Art Quiz.

Die Frau neben mir war schön, mindestens um 20 Jahre jünger als ich. Sitzend sah sie etwas rundlich aus, überragte mich aber um mindestens einen halben Kopf. Sie hatte hübsche, regelmäßige Züge, das Gesicht von dunklem, gewellten Haar umrahmt. Sie hatte mich mit traurigen Augen angesehen, als ich sie fragte, ob der Platz frei sei. Ich fühlte ihre innere Unruhe, die auf mich übergriff. Ihre Finger waren ineinander verkrampft, sie schien einen inneren Kampf auszufechten.

Von gegenüber, wo Gottfried saß, fixierte mich schon geraume Zeit eine Frau in meinem Alter. Sie hatte, graues, nach hinten gekämmtes Haar und einen müden Gesichtsausdruck. Ich fragte mich, ob ich ihr schon irgendwo begegnet war, es fiel mir, trotz angestrengtem Nachdenkens nicht ein. Aber vielleicht meinte sie gar nicht mich, sondern meine Nachbarin.

In diesem Augenblick rief die Frau von gegenüber: "Bist du nicht Olga?" Ich fühlte mich nicht angesprochen, weil ich ja nicht Olga heiße. Meine Nachbarin hingegen fuhr erschreckt zusammen. "Ja", sagte sie, "ich heiße Olga, aber woher wissen Sie das? Ich kenne Sie nicht, habe Sie nie im Leben gesehen. Woher sind Sie?" – "Ich bin in Lemberg geboren, dort lebte ich vor...", sie machte eine Pause, "vor dem Krieg." – "Klar, daß wir uns nicht kennen, ich stamme aus der Slowakei, Sie haben mich mit jemandem verwechselt, die auch zufällig Olga heißt", sagte meine Nachbarin und hielt die Unterhaltung für beendet. Die Frau von gegenüber lächelte traurig: "Nein, ich bin ganz sicher: Du siehst deiner Mutter zu ähnlich, als sie mir dir und deiner Zwillingsschwester nach Auschwitz kam. Ihr wurdet dem 'Kinderheim' von Dr. Mengele zugewiesen. Ich war eure Betreuerin, eure Kindergärtnerin. Ich war damals 17. Ihr beide wart vier Jahre alt. Ich heiße Bracha. Erinnerst du dich nun?"

Die sonst so lärmenden Fahrgäste verstummten. Eine tiefe Stille breitete sich aus. Alle Passagiere fühlten sich wie Statisten oder Zuschauer eines Theaterstückes, eines Dramas. Neben mir war ein lautes Schluchzen vernehmbar. Auch mir schossen Tränen in die Augen, und ich streichelte leicht Olgas Hand.

Der Bus hatte soeben eine Station erreicht, viele Fahrgäste stiegen aus. Neben meinem Mann und Bracha wurden Plätze frei, und wir nahmen sie ein. Wir saßen nun Bracha und Olga gegenüber. Olga hatte ihren Kopf auf Brachas Schulter gelegt, eine Geste wie im "Kinderheim" in Auschwitz. Sie weinte still vor sich hin, von den Erinnerungen der überstandenen Qualen übermannt. Sie hatten sich 50 Jahre nicht gesehen und sich gerade zu Chanukka wiedergefunden.

Olga hatte sich beruhigt. Es war weder die Zeit, noch der Ort über die Ereignisse der vergangenen Jahre und die Zeit nachher zu sprechen, sie tauschten Adressen und Telefonnummern aus. Auch ich bat Olga um ihre Telefonnummer. Ich wollte mehr über ihr Schicksal erfahren. Sie besuchte mich einige Tage nach unserer Begegnung im Bus und erzählte mir vieles aus ihrem Leben, einer der unzähligen Romane die unser erbarmungsloses Zeitalter geschrieben hatte. Ich möchte diesen Roman nicht für mich behalten:

Olga stammte aus dem Süden der Slowakei. Sie wurde 1938, einige Minuten nach ihrer Zwillingsschwester, in einer jüdisch-orthodoxen Familie geboren. Dann wurde die Slowakei von der deutschen Wehrmacht besetzt. 1941 wurden sie ins Ghetto getrieben, von dort 1942 nach Auschwitz deportiert. Der Vater wurde sofort in die Gaskammer geschickt, die Mutter mit den Zwillingen in Dr. Mengeles Versuchslabor. An die Zeit vor Auschwitz reichten ihre Erinnerungen kaum. Sie war zu klein. Auch die verbrecherischen Versuche an den Zwillingen erschienen nur noch nachts als Alpträume.

Sowohl die Mutter als auch die kleinen Mädchen haben Auschwitz überlebt. Zu Skeletten abgemagert kehrten sie in die Slowakei zurück. 1945 bildeten sich Hilfskomitees, die überlebende Kinder aus den Vernichtungslagern aufnahmen. Olga und ihre Schwester kamen in das Haus eines Rabbiners in Dublin. Sie erhielten eine vorzügliche Erziehung, besuchten englische Schulen und blieben acht Jahre in Irland. Ihre Mutter hatte in der Zwischenzeit wieder geheiratet, Sie war nach Israel ausgewandert und hatte noch weitere Kinder zur Welt gebracht. Als die Schwestern 16 Jahre alt waren, kamen sie zu den Herbstfeiertagen auf Besuch zur Mutter. Olga war nicht an die Hitze Israels gewöhnt, auch kamen beim Wiedersehen mit der Mutter die Erinnerungen wieder. Zu Neujahr in der Synagoge wurde ihr übel, sie wurde in den Vorraum gebracht und ein junger Fliegeroffizier, der sich durch Zufall dort befand, brachte ihr ein Glas Wasser. Sie verliebten sich ineinander, heirateten und hatten zwei Kinder. "Dies waren die glücklichsten Jahre meines Lebens", sagte Olga mit tränenerstickter Stimme. Raphael, so hieß der Fliegeroffizier, war vor einigen Monaten verstorben.

Eine wahre Geschichte zu Chanukka. Das Wunder der Begegnung nach 60 Jahren! Bereitet das Leben den Menschen nicht immer wieder Chanukka-Wunder?

Paul Brenner, Explosion, Acryl auf Leinwand, 2010.

Der Urwald

Die Welt ist ein riesiger Wald,
Ein Urwald, teilweise gerodet,
Überall wachsen Pflanzen,
Bäume, Blumen, Gräser,
Viele aufgebrochen aus bracher Erde,
Manche gezüchtet...

Menschen dieser Erde gleichen Bäumen,
Viele wild, unbeherrscht, überschwänglich,
Andere stille Einzelgänger.
Bäume, die glauben, in den Himmel zu wachsen,
Pflanzen, die im Schatten anderer treiben,
Sich vermehren, sich ineinander verschlingen,
Pflanzen, die mit andern vereint,
groß werden, alt werden, dahingeh'n...
Andere wieder, selbstbewußt, stolz,
Zu stolz, um andern Schatten zu spenden...

Menschen gleichen Bäumen,
Wollen keine Sorgen, keine Leiden,
Kein Lob und keine Freuden
Mit andern teilen...

Die Welt ist ein großer Wald
Mit zuviel Unkraut.
Wie du in den Wald rufst,
So klingt es wieder... sagt man.

Gefühle schweben von Wellen getragen
Durch den Äther.
Gleich einem Echo, gleich einem Bumerang
Sollten sie wiederkehren, mit gleicher Stärke.
Doch gar zu oft verfehlen sie ihr Rückziel...

Die Welt ist ein Wald
Ein grauenvoller Urwald...

Paul Brenner, Karmelwald, Acryl auf Leinwand, 2010.

Lied einer Blinden

Als ich dich das letzte Mal sah,
Liebster,
Hattest du graumeliertes Haar
Und die Augen blau
Wie Himmel und Meer,
So blau, so blau...

Es grünten die Hügel unserer Stadt,
Auch jene aus felsigem Stein
Und golden die Sonne
Und golden der Sand,
In der Bucht am Strand,
So golden, so golden...

Und eines Tages, es war im Mai,
Da wurde es staubig um mich her,
Ich dachte, es wäre ein Sandsturm,
Ein Hamsin,[4]
Den sah nur ich, er kam daher,
So grau, so grau, so grau...

Dann wurde alles vom Nebel verdeckt,
Die Hügel, die Stadt und das Meer.
Ich sah keine Farben,
Kein grün und kein blau,
Sie flossen ineinander all',
So flau, so flau...

Die Menschen waren wie Steingebilde,
Wie wandelnde Denkmäler ohne Gesicht,
Und die Herzen, waren die auch aus Stein
Wie im Märchen von Wilhelm Hauff
Aus Stein, aus hartem Stein??

Oh Gott, laß doch ein Wunder gescheh'n,
Träufle Menschlichkeit in die Herzen aus Stein,
Werden die Gesichter auch werden
Aus Fleisch und Blut,
Das wäre so schön, so gut...

---

[4] Heißer Wüstenwind in Israel.

Auf leisen Sohlen schlich die Nacht sich heran,
Ich fühlte sie kommen, ich fühlt' sie war da,
Nun stand sie vor mir, zum greifen nah,
Sie umarmte mich, sie fesselte mich,
Die Nacht, meine Nacht, die schwarze...

Laß mich mit Händen sehn dein Gesicht,
Und fühlen dein weißes Haar,
Deine Haut wurd' so dünn
Und deine Augen, einst blau,
Wurden stählern nun
Und grau, so grau.

Doch es wird kommen der Tag,
Denn Wunder gescheh'n,
Und Hügel werden grünen wie einst,
Und Augen und Himmel und Meer
Werden wieder blau sein,
So blau, so blau.

Und meine Augen, die toten,
Werden wieder sehen
Die Hibiskusblüten im Garten schön,
Die Hibiskusblüten,
Die roten, so roten.

Gottfried Brenner, Kriegsinvalide, Tuschezeichnung, 1931.

Die Bonbonniere

Max hat einen gutbezahlten Beruf, er ist Zahntechniker. Er arbeitet im Laboratorium einer sehr bekannten Zahnärztin, einer Star-Ärztin. Sie ist sehr pedantisch und achtet darauf, daß ihre prominenten Patienten stets zufrieden sind und wiederkommen.

An manchen Abenden, wenn die letzten Patienten die Praxis verlassen haben und die Chefin einige Geschenke für die tadellosen Arbeiten erhalten hatte, bekommt auch Max ab und zu eine Flasche Wein. Doch wie oft hatte sie Max fertige Prothesen auf den Arbeitstisch geworfen, die nicht wie ein Handschuh saßen. Es war nicht sein Verschulden, der Abdruck war nicht richtig genommen worden. Und an wie vielen Abenden mußte Max Überstunden machen. Auch heute, sagte sich Max, ausgerechnet heute, wo man mich zu Hause erwartet, denn es war der 17. Geburtstag seines Ältesten, und die Chefin wußte das.

Endlich verließ der letzte Patient die Praxis. Max hatte inzwischen alle angefangenen Arbeiten weggeräumt und wusch sich gerade die Hände, als die Ärztin das Labor betrat. "Dies ist für Andy, eine Kleinigkeit, es ist doch heute sein Geburtstag, glaube ich." Max bedankte sich.

Als Max zu Hause anlangte, hörte er laute Musik aus seinem Haus. "Ja", dachte er, "die Party ist in vollem Gange." Trotzdem wagte er sich zwischen den tanzenden Paaren einen Weg zu bahnen und fand endlich seinen Sohn. Eine kurze Umarmung, ein geflüsterter Wunsch ins Ohr. Max übergab die Bonbonniere ohne weitere Erklärungen und versuchte so rasch wie möglich in die Küche zu verschwinden.

Seine Frau empfang ihn wie gewohnt mit dem Vorwurf: "Warum so spät?", doch Max sagte bloß: "Hoffentlich wird er ein leichteres Leben haben, als wir es in unserer Jugend hatten, ohne Kriege, ohne Verfolgungen, ohne Terror. Möge Gott ihn beschützen! Bleibst du noch auf? Mir fehlt nur Schlaf." Übermüdet von der Tagesarbeit, wünschte er kurz seiner Frau "Gute Nacht" und verschwand im Schlafzimmer. Er legte sich ins Bett und schlief trotz lauter Musik sofort ein.

Am folgenden Morgen umarmte ihn sein Sohn mit den Worten: "Du, Papa, bist doch ein ganz patenter Vater! Als wir die Bonbonniere öffneten, die du mir gestern brachtest, fanden wir ein Couvert mit 500 Euro darin. Ein so fantastisches Geschenk hätte ich nie erwartet. Auch meine Freunde sagten du wärest ein ganz toller 'Super-Vater'. Nun kann ich das langersehnte Motorrad kaufen und dich auf dem Rücksitz morgens ins Labor bringen! Herzlichen Dank!"

Das Alter

Leise, ganz leise klopft es an meine Tür.
Ich bin gut erzogen und rufe: "Herein!"
Niemand tritt ein.
Ich gehe hin, um nachzusehen,
Öffne einen Türspalt
Und habe das bestimmte Gefühl,
Daß jemand ins Zimmer geschlüpft war.
Sollte es der Prophet Elijahu sein?
Ausnahmsweise nicht zu Pessach?[5]

Plötzlich fühle ich,
Daß ein "Etwas" sich mir nähert,
Mich umarmt, mich umgarnt, in mich dringt,
Mich fest, ganz fest an sich zieht,
Wie ein Geliebter.
Fester, immer fester.

Ich fühle wie eine Schlinge,
Eine immer enger werdende Schlinge
Meinen Hals zuschnürt,
Als ob eine Boa Constrictor[6]
Atemraubend mich erdrosselt.
Ob dies Gehenkte fühlen?

Ich gehe unter, ich sinke,
Ein Meer über mir.
Ich sehe mein ganzes Leben
Im Bruchteil einer Sekunde
Vor meinem geistigen Auge abrollen.
Ob dies Ertrinkende sehen?

Ich will um Hilfe rufen
Und bringe keinen Ton heraus.
Ich sende Gebete zu Gott,
An die Seelen aller lieben Toten.
Ich will meine Seele der Hölle verschreiben,

---

[5] Pessach – das jüdische "Osterfest", an dem der Auszug der Israeliten aus Ägypten gefeiert wird; am Sederabend zu Beginn des Pessach-Festes wird ein Becher Wein für den Propheten Elias bereitgestellt und an einer bestimmten Stelle der Liturgie die Tür geöffnet für den Fall, daß er tatsächlich käme...

[6] Riesenschlange: Abgottschlange, Königsschlange, Königsboa.

Nur Erlösung, Erlösung!
Langsam, ganz langsam, fallen die Fesseln.
Ich erwache aus dem
Ach so schrecklichen Alptraum
Und höre eine Stimme, die sagt:

"Von nun an sind wir Gefährten,
Ich werde stets bei dir sein,
Mit dir sein, in dir sein.
Mit oder ohne dein Wollen.

Ich bin dein Schatten,
Dein "Alter Ego",
Gestatte, daß ich mich vorstelle:
Ich heiße ALTER.

Das Talent

Das Talent ist wie ein Blatt, das,
wenn es vom Baume fällt,
Vom Winde verweht wird.

Das Talent ist wie ein Boot
Das, schlecht gesteuert,
Von den Wellen des Meeres,
Des Lebens, versenkt wird.

Das Talent ist wie ein Wanderer
In der Wüste, der
Verdurstet und vertrocknet,
wenn er keine Oase findet.

Das Talent ist wie ein Vogel,
Der, wenn frei, zur Sonne fliegt,
Zwitschert und singt,
Und wenn gefangen, stirbt.

Oh Gott, bitte schenke auch mir
Ein wenig Talent,
Auf daß ich niederschreibe,
Was ich sah und was mich bewegte,
Was ich fühlte und was mich erregte,
Was ich hörte und nicht glauben konnte,
Bis ich es nicht selber erlebte...

Das Hoffen

Man sollt' den Menschen nicht das Hoffen nehmen,
Denn Hoffnung hält sie jung, gesund und stark
Und ist ein durchaus "menschliches" Gefühl.

Wann fängt der Mensch zu hoffen an?
Gleich nach der Geburt, von Anfang an.
Da hofft das Baby auf Muttermilch und Liebe.
Mit fünf da hofft das Kind auf neue Spiele,
Mit 13 fangen an die Triebe,
Mit 17 hofft man auf die große Liebe,
Mit 20 auf der guten Arbeit Lohn,
Mit 30 auf den wohlgerat'nen Sohn.
Mit 40 auf die höhere Position,
Mit 50 auf die bess'ren Zeiten,
Mit 60 auf die Höchstpension.
Und später dann,
Falls man noch kann...
Natürlich auf die bess're Welt...

Man sollt' den Menschen nicht das Hoffen nehmen.
Die Armen haben ja nichts Besseres anstatt.

Ob Tiere auch wohl hoffen???
Das glaub ich nicht.
Denn Menschen werden ja dann zu Tieren,
Wenn man ihnen das Hoffen nimmt.

Was ist Glück?

Das Wort ist abstrakt,
Man kann es nicht sehn, nicht hören,
Doch jedermann will es fassen,
Will's erhaschen.
Und was ist eigentlich Glück???
Diese Frage stellt ich mir in der Jugend
Und ging auf die Suche nach dem Glück.

Ich fragte die Sonne, die alles bescheint,
Die Kinder geboren sieht und zu Menschen werden,
Die auf Freud und Leid und Verderben schaut,
Und ich fragte die Sonne:
"Wo find' ich das Glück, ach, sag es mir!"
"Das, was du suchst, das suche in dir!!"

Die Antwort kam mir zweifelhaft vor,
Und die Nacht war klar, da lief ich vor's Tor
Und fragte den Mond, der kalt zu mir schien:
"Ach Mond, du alter, der Liebende sieht,
Den Räuber, der mordet und stiehlt, stets flieht,
Du guckst auf Straßen, auf Wagen, die rollen,
Auf Menschen, die weinen, weil andre es wollen,
Auf Kinder, die lachen, auf Mütter, die wachen:
"Wo find' ich das Glück, ach sag es mir!"
"Ja, mein Kind, das Glück, das such nur in dir!"

Nicht befriedigt mit der Antwort ging ich ans Meer
Und fragte die Fische, die großen,
Denn die kleinen, die dürfen keine Meinung haben,
Und werden von den großen gefressen.
"Ich suche das Glück, wo find ich's, bitte, saget es mir!"
"Beeil dich mein Kind, es liegt in dir!"

Und ich fragte die Vögel, die Pilze,
Und den Baum, den alten,
Und Donner und Blitz und alle Gewalten,
Und sogar den Wind...
Und die Antwort war immer die gleiche:
"Das Glück such in dir, mein Kind!"

Und ich fragte die Menschen, die reichen,
Die suchten das Glück auch, in Geld und Kleid,
Und ich fragte die armen Leut',
Die fanden das Glück in der Arbeit.
Und die Machthaber fanden es in Gewalt und Macht,
Doch die einfachen Leut' haben über meine Frage gelacht.
Ein richtiges Preisausschreiben.

Ich schaute sehnsüchtig zu den Sternen,
Zu Andromeda und zu beiden Bären,
Könnte ich bei ihnen vielleicht etwas lernen,
Ich wiederholte meine so quälende Frage,
"Wo find' ich das Glück?"
Möglich seid ihr es zu sagen, in der Lage,

Und als nach Jahren die Antwort kam,
Da war ich alt und grau und gram,
Und die Antwort war die stereotype, stets gleiche.
Das was du suchst, findest's in dir!

Nach all den Jahren, nach Fragen und Warten,
Nach zarter Liebe, nach Arbeit, der harten
Wollt ich den richt'gen Hinweis den Kindern geben,
Damit sie glücklich und in Frieden leben.

Ich ging zum Computer und programmierte die Frage,
Denn die Wissenschaft war in den Jahren gewachsen...

"Wo find' ich das Glück und den Stein der Weisheit?
Bitte um Information, eh es noch Zeit!"

Und die Antwort kam prompt aus dem elektronischen Hirn:
"Das Glück liegt an dir, deine Zufriedenheit"...

Das Herz einer Mutter

Leg die Schätze der Welt auf die Waage,
Alles Gold und Geschmeide zu Hauf,
Doch das liebende Herz einer Mutter
Wiegt alles andere auf.

Die Tiefe dieses Liedes, das aus Liebe, Sehnsucht, Glück und Wehmut entstanden war, und das, u.a. von Connie Francis mit soviel Gefühl gesungen wurde, kann man erst ermessen, wenn man selbst Mutter ist.

Das Herz einer Mutter! Ja, ich muß vorausschicken, daß ich Physiotherapeutin war. Vor vielen Jahren, als wir in Israel einwanderten, hatte ich einige private Behandlungen in einem Elternheim angenommen. Wegen meines Alters erhielt ich keine feste Anstellung in einer Klinik, und von einer kleinen Staatsrente konnte man auch vor 30 Jahren kaum leben. Es handelte sich um Massagen und Behandlungen mit verschiedenen Apparaten, die Schmerzen nach Knochenbrüchen, Arthritis oder Sehnenzerrungen gänzlich beheben oder erleichtern. Ich saß gern bei diesen alten Damen, von denen eine jede ihren eigenen Lebensroman hatte und froh war, mit jemandem plaudern zu können. Viele unter ihnen waren schwerhörig, manche blind, manche gehbehindert. Alter ist eine schwere Krankheit. Die alten Damen waren dankbar, wenn jemand sie besuchte, dankbar für ein persönliches, liebes Wort. Sie schätzten gutes Benehmen, wenn sie fühlten, daß es nicht konventionelle Lüge war, sie dankten durch einen innigen Blick für die entgegengebrachte Herzenswärme.

Manche hatten Kinder, Enkel und Verwandte, die sie ab und zu besuchten, wenn sie gerade im Land waren und Zeit hatten. Andere wieder hatten Kinder, Enkel, Verwandte, die es nicht übers Herz bringen konnten, alte gebrechliche Menschen zu sehen. Dieser vielleicht nicht sehr ästhetische Anblick könnte bei ihnen gewisse Gefühle wie Liebe, Mitleid, Dankbarkeit oder Pflichtbewußtsein hervorrufen, die man vorzieht ins Unterbewußtsein zu verdrängen und froh ist, wenn sie dort schlummern. Und doch ist es die Hoffnung auf ein baldiges Wiedersehen mit einem geliebten Sohn, einem vergötterten Enkel, mit jemanden, der einem nahe steht, der diesen alten Damen neuen Lebensmut einflößt, der sie stärkt, der sie veranlaßt, mit äußerster Anstrengung Gehversuche zu machen, um damit den Verwandten eine Überraschung zu bereiten.

Pepi war Bukowinerin, meine Landsmännin. Ich unterhielt mich sehr gerne mit ihr. Das Alter hatte die Spuren ihrer einstigen Schönheit nicht verwischt, und wenn ihr Mund auch manchmal schwieg, sprachen ihre ausdrucksvollen Augen und Hände. "Ja, es ist oft besser zu schweigen", sagte sie mir, "weil man ja doch nicht sein ganzes Herz ausschütten kann."

Vor einigen Tagen, als ich mich wieder zu ihr setzte, war sie ganz verweint. "Aber Pepi, warum weinen Sie? Haben Sie starke Schmerzen?", fragte ich. "Nein", antwortete sie, "ich weine vor Freude. Bitte, bitte lesen Sie!" und streckte mir einen Brief entgegen. Ich entfaltete den Bogen und las. Es war das Schreiben ihres Sohnes, eines berühmten Malers aus Paris.

Und sie erzählte mir weiter über seine Anfänge, wie er als dreijähriger Junge auf jedem Papierblatt malte oder zeichnete. Die Familie übersiedelte aus einer Kleinstadt der Südbukowina nach Czernowitz, wo beide Kinder eingeschult wurden. Alles Unheil fing mit dem Bruch des Molotow-Ribbentrop-Paktes an. Die Nord-Bukowina wurde von den Sowjets besetzt, danach kam der Gegenschlag, der Zweite Weltkrieg begann nun auch für die Bukowiner Bevölkerung. Rumänisches und deutsches Militär besetzte die Stadt, und alles kam wie in anderen von den Deutschen besetzten Gebieten. Viele Verordnungen, wie Ausgehstunden für Juden, gelber Stern, Zwangsarbeit, Ghetto... und Deportationen. Und wie Tausende andere wurde auch der kleine Junge mit Familie nach Transnistrien[7] deportiert. Sie kamen nach Moghilev. Weinend mußte der kleine Junge zusehen, wie man seinen Vater erschlug. Dieses traurige Erlebnis sowie das Leben im Lager überhaupt hinterließen tiefe Narben in dieser besonders empfänglichen Kinderseele. Auch im Lager, natürlich verstohlen, drückte Viktor sein Leid und seine Hoffnung in seinen Zeichnungen aus.

Dank der Jüdischen Gemeinde in Bukarest wurden 1944 Waisenkinder aus den Lagern jenseits des Dnjestr nach Rumänien gebracht, unter ihnen auch Viktor und seine Schwester. Sie fuhren über den Landweg nach Palästina, das zu jener Zeit englisches Mandatsland war. Damals wußte die Mutter nicht, wie viele Jahre vergehen würden, bis sie ihre Kinder wiedersehen würde. Wie war ihr damals ums Herz? Der Krieg tobte noch in Europa, die Welt, die Zukunft waren grau und ungewiß. "Aber ich wollte", flüsterte sie mir zu, "daß meine Kinder in gewisser Sicherheit aufwachsen."

Diese Kindergruppe, es waren ihrer 800, landete im damaligen Palästina, die Geschwister und viele andere Kinder kamen nach Maaleh Hashamishah, ein Kinderdorf, wo sie sich vier Jahre lang an Land und Leute, gute und auch böse, an Sprache und Sitten, gewöhnten. Im Unabhängigkeitskrieg 1948 kämpfte Viktor an der Front, wurde verwundet und kam nach Maaleh zurück. Eines Tages besuchte eine WIZO[8]-Delegation das Kinderdorf. Man zeigte ihnen Viktors Zeichnungen, und man war überrascht vom hohen Niveau der Werke. Dank ihrer Empfehlung erhielt Viktor ein Stipendium für die Bezalel-

---

[7] Gebiet zwischen Dnister und Bug, 1941–1944 an Rumänien angeschlossen (dazu Mirjam Korber, Deportiert – Jüdische Überlebensschicksale aus Rumänien 1941–1944. Aus dem Rumänischen und eingeleitet von Andrei Hoişie. Konstanz 1993; weitere Literatur S. 153)

[8] Women's International Zionist Organization

Kunstakademie in Jerusalem und danach sowohl ein Staatsstipendium für die "Ecole des Beaux Arts" in Paris wie auch ein persönliches Stipendium von Baron Rothschild.

In der Stadt an der Seine, die die Heimat so vieler großer Maler war, unter der Anleitung der großen Meister dieser berühmten Schule, gedieh und entwickelte sich das Talent Viktors zur Vollkommenheit. Er wurde bald bekannt, ja berühmt und seine Bilder schmücken die Säle vieler Museen. Er malt in Öl, in Aquarell, schafft Lithographien, Federzeichnungen und betreibt auch wissenschaftliche Studien über klassische Werke der bildenden Kunst. Damit beendete Pepi die Geschichte des Werdeganges ihres Sohnes.

Ich hielt den Brief, den Pepi mir gegeben hatte, noch immer in der Hand und lauschte ihrer Erzählung. Als sie ermüdet schwieg, las ich den Brief. Er war von Viktor, der Brief eines Sohnes an seine Mutter.

"Ich muß Dir noch rasch eine Freude bereiten", schrieb er. "Ich wurde von einer hohen britischen Behörde damit beauftragt, das Porträt der englischen Königin-Mutter zu malen und brachte es in zwei Sitzungen fertig. Ich staunte selber darüber. Königin Elisabeth von England lud mich zum Lunch in den Buckingham-Palast ein und ließ mich – eine der höchsten Ehrungen – zu ihrer Linken sitzen. Sie drückte mir ihren Dank für das wohlgelungene Portrait ihrer Mutter aus und bemerkte, es sei das beste Bild ihrer Mutter. Das Porträt wurde vom Museum Edinburgh erworben. Ich weiß, daß Du Dich sehr freuen wirst!"

"Ich habe ihm sofort geantwortet", lispelte Pepi unter Tränen, "Ich habe ihm nicht geschrieben, daß ich starke Schmerzen habe. Es würde ihn nur leiden machen und mir doch nicht helfen." Dies war unsere letzte Begegnung.

Der Name des Malers ist Avigdor Arikha. Er verstarb 2010 in Paris.

Der Tropfen

Und plötzlich war er da... auf der Erde
Der kleine runde Regentropfen.
Wie war es dazu gekommen?
Ein Zusammenstoß zweier Wolken,
Und er wurde geboren,
Ohne sein Zutun, ohne sein Wollen.

Er war so rein
Wie eine sterile Spritze,
So durchsichtig
Wie eine menschliche Lüge,
So nebelhaft klar
Wie eine Gleichung von Einstein.

Nun wurde es ihm langweilig,
Und er suchte Partnerschaft.
Er trat in eine Wohngemeinschaft ein.
Da ging es wohl sehr lustig zu,
Doch leider blieb er nicht wie einst.

Er veränderte sich,
Oder wurde verändert,
Innerlich und äußerlich.
Die Umgebung,
Die Umweltverschmutzung
Taten das Ihre,
Amöben und Viren drangen in sein Inneres,
Speichel ungezogener Bengel traf ihn,
"Es lebe die Zivilisation"!

Und langsam, ganz langsam, trocknete er ein,
Und ward nicht mehr, der arme Tropf' – en.

Paul Brenner, Tropfen, Öl auf Leinwand, 2010.

Ein Matura-Jubiläum

"Du siehst ja phantastisch aus!" – "Ach Gott, und du, du siehst ja wie deine eigene Tochter aus, ganz unverändert.
"Na ja, die paar grauen Haare, die stehen dir ja gerade gut, toi, toi!"
"Und du, wie machst du es bloß, daß du so schlank geblieben bist?"
"Und du, na dich hätte ich ja gar nicht erkannt, du bist ja direkt jünger geworden!"

Solche und ähnliche Ausrufe, manchmal aufrichtig, manchmal konventionell gelogen, konnte man hören, als sich am 22. Oktober 1986 die ehemaligen Absolventinnen des Mädchenlyzeums Nr. 2 im damaligen Czernowitz zu ihrem 50. Matura-Jubiläum in der gastfreundlich zur Verfügung gestellten Wohnung ihrer Kollegin Käthe in Tel Aviv versammelten. Die Gastgeberin hatte die Initiative zu diesem Treffen rechtzeitig ergriffen, sie hatte alle in Israel befindlichen und die im Ausland erreichbaren Mitschülerinnen eingeladen und mit viel Geschick und Organisationstalent allen einen unvergeßlichen Abend bereitet. Natürlich hatten alle mitgeholfen, die konnten.

Wir freuten uns auf ein Wiedersehen, auf das Gefühl trotz Jahren und Grenzen zusammen zu gehören, 50 Jahre, nachdem sich unsere Wege getrennt hatten. Leider kamen nicht alle, die einst als kleine Mädchen Hand in Hand, später Seite an Seite oder Arm in Arm den weiten Weg zur Schule, zum Mädchenlyzeum in der Landhausgasse in Czernowitz marschiert waren und acht Jahre lang die gleiche Schulbank gedrückt hatten. Nun lachten wir wieder gelöst über unsere Professorinnen und tauschten längst verstaubte Erinnerungen über lustige Schulepisoden aus, wie wir in den Pausen über "wichtige Dinge" geplauscht oder rasch eine vergessene Hausaufgabe abgeschrieben hatten.

Wie streng war doch die Lateinprofessorin Dr. Camilla Kaul gewesen oder die gefürchtete Mathe-Professorin Martha Marini? Gar nicht zu reden von der Klassenlehrerin Constance Botez, die das Deutschsprechen unter den Schülerinnen sogar in den Pausen verbot. Wie angenehm waren hingegen die Turnstunden, wenn wir in Reih und Glied zur Turnhalle in der Josephsgasse marschieren mußten und dabei neugierige Blicke nach rechts und links werfen konnten, vorbei am Knabenlyzeum, wo die Jungen am Gartenzaun der Schule standen, uns begutachteten und Bemerkungen machten.

Und dann kam der große Tag der Matura. Ein heißer Sommertag, Mitte Juli, als sich alle Absolventinnen der drei Mädchenlyzeen der Stadt im Gebäude der orthodox-rumänischen Schule versammelten, lauter übermüdete bleiche Gesichter, klopfende Herzen, zitternde Hände, um vor einer Kommission von fremden Professoren die schriftliche Prüfung zu bestehen und, wenn wir sie glücklich überstanden und bestanden hatten, zur mündlichen Prüfung zugelassen zu werden. Doch es gab kaum eine von uns, die sich nicht stolz und glücklich auf der Liste der Erfolgreichen befand. Man war froh, die Schule hinter sich zu haben, nun erwachsen zu sein und einen neuen Lebensabschnitt zu beginnen.

Wer ahnte damals, daß wir die glücklichste und unbeschwerteste Zeit unseres Lebens hinter uns gelassen hatten, daß wir einen Krieg vor uns hatten und uns viele gemeinsame und persönliche Schicksalsschläge bevorstanden.

Nun saßen wir also wieder beisammen. Wir erzählten einander in Kürze, wie unser Leben verlaufen war. Ich hatte Schulfotos von allen acht Klassen des Lyzeums mitgebracht, die den Krieg, zwei Emigrationen und 50 Jahre überlebt haben, allein das grenzt schon an ein Wunder!

Natürlich wurden sie eifrig studiert, wobei einige von uns, nicht nur andere, sondern sich selbst nicht wiedererkannten. Mit Stolz wurden die Bilder der Enkelkinder herumgereicht – eine Geste, der sich Großmütter, und sie bildeten die Mehrheit, nicht erwehren können!

Das Außergewöhnliche an dieser Feier, die mit einer kurzen Begrüßungsansprache der Gastgeberin eröffnet wurde, war die Tatsache, daß gleichzeitig auch der Hausherr, er hieß Gerdi, seine erreichbaren Matura-Kollegen zu deren 50-jährigem Maturajubiläum eingeladen hatte. Da diese gleichaltrigen "Jungen" auch die einstigen Tanzpartner der meisten anwesenden Damen gewesen waren, war die Stimmung allgemein zwanglos, natürlich und herzlich. Auch die wenigen "älteren Semester", die als "Prinzgemahle" oder begleitende Ehegattinnen mitgekommen waren, fanden ihre Gesprächspartner und verschwanden in der Masse der Feiernden. Bei Champagner, Imbiß und hausgebackenen Süßigkeiten – Bukowiner Spezialitäten – unterhielt man sich köstlich und fühlte sich 50 Jahre jünger!

Spät abends trennten wir uns schweren Herzens, aber doch tief gerührt, mit dem Versprechen, sich nach fünf Jahren wiederzusehen, es wurden aber zehn...

Klassentreffen 1986 – von links: Hedwig Brenner, Alice Daniel-Lutz (lebt in Heilbronn), Maria Rodewald-Moskaliuk (gest.), Eva Blumenfeld-Thau (gest.)

Zehn Jahre danach

Mit gemischten Gefühlen sah ich dem großen Tag entgegen. Die Monate vorher geführten Gespräche mit den Organisatoren waren geheim gehalten worden wie vor großen geschäftlichen oder politischen Zusammenkünften. Das ad hoc gebildete Organisationsteam bestand aus drei Personen: eine davon war mit der Aufgabe betraut, die zu erwartenden Auslandsgäste einzuladen, eine andere Kollegin sollte Lokal und Jause organisieren, und mir wurde die Aufgabe zuteil, die früheren Mitschülerinnen aus Haifa, Galiläa und dem ganzen Norden des Landes zu mobilisieren.

Was war der Anlaß für diese fiebrige Tätigkeit?

Einige von uns hatten sich vorgenommen, das 60. Matura-Jubiläum gemeinsam mit allen noch lebenden Mitschülern und Mitschülerinnen aus Israel, Übersee und Europa zu feiern. Natürlich war das Risiko, viele nicht mehr anzutreffen, bedeutend größer als 10 Jahre zuvor. Um so größer würde die Freude des Wiedersehens sein.

Doch warum mit gemischten Gefühlen?

Na ja, in unserem Alter fragt man sich halt, wie jenes einst herzige junge Mädchen oder jener einst forsche Herzensbrecher wohl jetzt aussähe? Würde ich von den anderen nach so vielen Jahren noch erkannt, oder würde ich unerkannt allein im Saale herumspazieren? Sollte ich nicht doch eine leserliches Namensschild ans Decollete meines Kleides stecken? Hätte ich nicht doch den Rat meines lausbübischen Enkelsohnes folgen und mir die Haare färben oder eine Perücke anlegen sollen? Und so schwirrten alle möglichen und unmöglichen Fragen in meinem Kopf herum, und der einzige Trost war, daß es den andern ja wahrscheinlich auch so erging.

Langsam, aber sicher näherte sich das fatale Datum, der 22. Mai.

Und sie kamen angereist vom Westen und vom Norden, wenn möglich, begleitet von Ehepartnern, aus den USA, aus Europa, auch aus Rußland und natürlich aus Jerusalem, Haifa und Galiläa. Am zahlreichsten waren die Kolleginnen aus Tel Aviv, da sie ja hier zu Hause waren. Eingeladen waren aber nicht nur die Absolventinnen des Czernowitzer Mädchenlyzeums, sondern auch der entsprechende Jahrgang männlichen Geschlechts, der in jener Zeit unsere Tanzpartner und Eislaufpartner gestellt hatte, und der mit uns gemeinsam die Matura, das Abitur, "gestuckt", also gemacht hatte.

Es war kaum zu fassen, daß diese 60 Jahre so schnell vergangen waren, doch, nach einer gewissen Scheu, als wir uns im Saal des Tel Aviver Carlton-Hotels zurechtgefunden hatten, schlugen die Freundschaften der Jugend Brükken über Zeit und Raum und Alter. Im Nu verschwanden die Angst und die gemischten Gefühle, um im elegant-gemütlichen Saal bei gutem Kaffee und vorzüglichem Gebäck herzliche Gespräche zu führen, die sich gewöhnlich um Erinnerungen an verklungene Zeiten oder unsere Lebensgeschichten drehten. Man gedachte der Besuche an den Strandbädern "Mamaia" und "Gänsehäufel", an das Überqueren des Pruth nach "Afrika" und die abenteuerlichen Bootsfahrten bis nach Streletzky-Kut.

Dem herzlichen Empfang seitens der Organisatoren folgte das gegenseitige Erkennen mit Küssen und Umarmungen – nicht zu vergessen das gegenseitige Begutachten. An runden, schön gedeckten Tischen bildeten sich verschiedene Gruppen nach Sympathie oder Aussprachebedürfnis. Man vergaß die kleinen Wehwehchen, man vergaß das Alter und seine Sorgen ebenso wie die Gegenwart und plauderte gelöst über die Vergangenheit, als wäre es gestern gewesen.

Während die Damen sich an die gemeinsamen Schuljahre erinnerten, an lustige Episoden aus dieser Zeit, an die Tanzstunden bei "Boris" und an die Tanzabende im Rahmen der Studentenverbindungen oder an die Abende am Eislaufplatz, diskutierten die Herren über die beruflichen Karrieren und Erfolge. Ja, diese in Czernowitz verbrachte Jugendzeit war so schön und unbeschwert, daß man sie nie vergessen wird, besonders weil kurz nach dem Abitur die schweren Vorkriegsjahre kamen, dann der Krieg und damit das Ende jeden Spaßes. Zerstreuung und Flucht aus der Heimat, für viele der "Gulag" oder die Vernichtungslager in Auschwitz und Transnistrien. Jeder von uns hatte sein Schicksal.

In einer kurzen Ansprache gedachte man der Verblichenen und bat um eine Minute der stillen Erinnerung. Dann las Fredy Hilsenrad ein ad hoc verfaßtes Gedicht zum Anlaß des Tages, das uns mit viel Humor und Optimismus auf ein nächstes Treffen vorbereiten sollte, ich gebe es hier wieder:

> Siehe da und staune,
> lauter Jugend, gute Laune.
> 60 Jahre sind vergangen,
> als wir mit großem Bangen,
> uns stellten zum Abitur,
> Wahrhaftig keine leichte Tour.
> Um aber weiter zu studieren,
> mußte man ja maturieren.
> Es strömten Hoffmann, LF2,
> L4, Hodel und L3.
> Wir waren jung und hoffnungsvoll,
> das Leben war für uns ganz toll.

Was war denn in unserem Schädel?
Klar, die Czernowitzer Mädel.
Keine Scheu und gar kein Zagen,
die Liebe ging uns durch den Magen,
das Tanzbein wurde wild geschwungen,
die Mädels wurden schwer errungen,
wir fühlten uns als Präsidenten
und waren nur Abiturienten.

Oh, du schöne Lyzeumszeit
Du fehlst uns wirklich, weit und breit.

Die Herrengass' war unser Ziel,
manchmal sogar viel zu viel.
Die Habsburghöh', der Volksgarten,[9]
Die mußten gar nicht auf uns warten,
Wir werden euch nie vergessen,
Ja, Czernowitz, dies war ein Fressen.
Nun wollen wir uns alle freuen
Und werden es auch nie bereuen.
Her kamen wir von allen Seiten,
Schlechte Zeiten, gute Zeiten!
Immer jung sind wir geblieben,
Das Alter haben wir vertrieben.
Hodel, Scleier, Frau Balan
Wer sie je vergessen kann
Vasiliu, Hirsch, Tudan,
ein jeder ein Gespenstermann

Und keiner soll es je bereuen,
Daß wir uns hier wiedersehen
Und felsenfest zueinander stehen.

Für unser Treffen in 5 Jahren
Müssen wir uns jung bewahren!

Dies, meine lieben Boys und Mädel

Wünscht allen euer Fredl.

---

[9] Dazu Hedwig Brenner, Mein altes Czernowitz – Erinnerungen aus mehr als neun Jahrzehnten 1918–2010. Konstanz 2010.

Besonders herzlich war das Wiedersehen mit alten Freunden von weither. Aus Paris kam ein früheres Mitglied der Résistance, aus Brüssel Willi Berler, der in Auschwitz gewesen war, aus den USA Sigi Barbasch, der als Zwangsarbeiter am rumänischen Donau-Schwarzmeer-Kanal eingesetzt war, und auch Peter Demant, früherer Gulag-Insasse Nr. 31504, der aus Moskau angereist kam.

Ein Glas Champagner auf das Wohlergehen aller Teilnehmer wie auch auf das der durch Krankheit verhinderten ehemaligen Kolleginnen und Kollegen beendete unser wohlgelungenes Treffen. Man wollte sich nach fnf Jahren wieder treffen. Ich beantragte, wir sollten uns schon im folgenden Jahr wieder treffen: "Fünf Jahre", sagte ich, "wären eine zu große Herausforderung des Schicksals!"

Nun, es kam kein weiteres Treffen zu Stande. Heute tut es den wenigen noch lebenden Kolleginnen leid, nichts weiter organisiert zu haben.

1936–1996

Klassentreffen 1996 – hintere Reihe von links: Hedwig Brenner (Haifa), Amalia Rorrath-Rippel (gest.), Jenny Schaffer-Menczel (Tel Aviv), Käthe Krauthammer-Zallik (Tel Aviv), Else Löw-Frenkel (gest.), Therese Gottesmann (Haifa), Hertha Barth-Gutherz (gest.); vordere Reihe: Sali Schatzberg-Fang (gest.), Mizzi Ampel-Melzer (Jerusalem), Rosa Liquornik-Hellenberg (gest.).

Friedhof der begrabenen Wünsche

Am Friedhof der begrabenen Wünsche,
Da kam ich gerne oft vorbei.
Doch nie, ja niemals ging ich hinein,
Bis es unlängst mir so einfiel,
Die vielgerühmten Gräber zu besuchen.

Es war so ruhig dort, so still,
Wie auf einem richtigen Menschenfriedhof.

In der Hauptallee lagen die Wünsche der Reichen,
Sie waren nicht allzu viele an Zahl,
Doch prunkvoll, erhaben – wie sich's gehört.

Doch, je ärmer die Besitzer der Wünsche waren,
Desto weiter lagen sie,
Desto zahlreicher waren sie.

Ich ging so kreuz und quer
Durch diese seltsame Ruhestätte.
Da gab es auch ganz kleine Gräber,
Gräber der Kinderwünsche.
Und gleich daneben ganz alte,
Bescheidene Gräber,
Von Männerwünschen, im reifen Alter gehegt.
Und andere, von Frauenherzen und Träumen gewebt,
Häßliche, böse, gute und schöne Gräber,
Mit Namen und Daten und Wünschen und Wünschen.

Ich suchte lange das Grab meiner Wünsche.
Da sagte mir mein zweites Ich,
Ich suche es umsonst,
Da ich nie unerreichbare,
Unerfüllbare Wünsche gehegt hätte.
Ging ich auch oft dorthin.

Ich suchte vergeblich.
Nie fand ich das gesuchte Grab,
Ich wünsche, ich fände es nie...

Eltern, tja Eltern wozu?

Wozu benötigt ein Katzenbaby
Seine Mutter- und wie lange?
So lang es die Muttermilch säugt,
Die ersten Schritte ins Leben macht.
Und Vögel? So lang ihre offenen Schnäblein
Von dem Eltern gefüttert werden.
Und wenn sie flügge werden,
Verlassen sie das elterliche Nest
Selbstredend.
Und Menschenkinder?
Genauso...
Bis sie die ersten Schritte ins sogenannte Leben,
In's bewegte, ins unsichere Leben machen.
Und dann, ja dann wollen sie halt
Selbstständig sein...
Und allein.
Ja eigentlich, was sind schon Eltern??
Ein Übel, das man in Kauf nehmen muß...
Oder auch nicht.

Die Einen, Wenigen,
sorgen für die alten Eltern,
Aus Überzeugung,
Aus Dankbarkeit, aus Liebe.

Die Andern, bar lästiger Gefühle,
Kommen hie und da, um Geld zu pumpen.
Die Dritten kommen mal mit einer Blume
Oder einem Enkel auf kurzen Besuch,
Zwischen Arbeit und Party,
Das Week-End verbringt man in lustigerer Gesellschaft.

Die Vierten erledigen, wie alles Unangenehme,
Auch dies moderner, telefonisch:
"Wie geht's? Seid ihr o.k.? Tschüß!

Und die vielen, vielen Anderen?
Wissen sie überhaupt noch,
Ob sie Eltern haben oder hatten?

Und falls sie Kinder haben,
Wird es ihnen genau so ergeh'n???

Frühlingsmorgen

für Judith Kalbeck

Ich stand auf deines Schlößlein Daches Zinnen
Und schaute mit vergnügten Sinnen,
Wie einst Polykrates in fernen Zeiten,
Auf den Park, auf den Wienerwald, den weiten,
In Pötzleinsdorf, im schönen Wien...

Von hohen Gräsern versteckt,
Blüh'n gelbe Butterblumen,
Und da und dort, dazwischen,
Wie durch Zufall hingeworfen,
Hebt eine rote Pfingstrose
Stolz ihr Haupt.

Lila Tulpen, versteckt zwischen noch grünen Ähren,
Rufen taufrisch "Guten Morgen"
Den niedlich-blauen Vergißmeinnicht.
Und Margeriten warten voller Sehnsucht
Befragt zu werden:
"Er liebt mich, er liebt mich nicht?"

Doch der Jahrhundert alte Akazienbaum
Sendet durch seine großen, weißen Blüten
Mit dem Duft seine Botschaft:
"Ich bin der König,
Hier in diesem Raum..."

Und hohe Gräser und die Butterblumen
Und auch die Rosen und die schlanken Tulpen
Verneigen sich leicht im Morgenwind,
Verneigen sich vor dem beginnendem Maientag,
Verneigen sich vor der heilbringenden
Frühlingssonne...

Die Natur erwacht zu neuen Leben...
Und auch zu neuem Sterben...

Der Blitzableiter

Ich bin so ziemlich rundlich,
Doch gewöhnlich sind Blitzableiter spitz!
Aber trotzdem muß ich,
Da ich mit beiden Füßen auf der Erde stehe,
Blitze auffangen und ableiten.
Dies halt die Pflicht einer jeden Ehefrau.

In jeder Ehe, noch so perfekt,
Gibt es, oh Gott, auch
Blitzerzeuger...

Und woher erscheinen die Blitze?
Aus heiterem Himmel, aus dem Kosmos??
Nein, sie werden durch Selbstzündung
Erzeugt... Aber nicht nur wenn man,
Wie eine aufgeladene Batterie
Von der Arbeit kommt,
Man explodiert auch ab und zu,
Wie eine Zeitbombe,
Morgens beim Aufstehen,
Ob der horizontalen Lage wegen??

Ein Wort zu zärtlich oder zu schroff,
Ein schmales Frühstück, ohne Ei,
Ein Krachen im Radio,
Die verspätete Post.
Ein krähender Hahn,
Schlechtes Wetter,
Sonnenschein,
Umgeworfene Reisepläne,
Finanzprobleme,
Unendlich sind die Gründe
Zur Selbstzündung...

Sie stehen Schlange und warten,
Wie einst Menschen vor Lebensmittelläden
Im Osten...

Aber Edison war nicht ihr Erfinder...

Paul Brenner, Jerusalem, Öl auf Holz, 2002.

Ein Kind fragte

Was ist eine Mauer, was eine Wand??
Wie kann man einem Kind erklären,
Was konkret und was abstrakt??

Eine Mauer, sagte die Mutter,
Ist ein Ding, das teilt
Zwei Zimmer, zwei Farben,
Zwei Menschen, zwei Welten.
Man kann sie sehen,
Oder manchmal hat sie eine Tarnkappe an,
Man kann sie fühlen, ohne sie zu sehen,
Man kann sie hören, falls sie säuselt im Wind,
Ohne sie greifen zu können...

Und welche Farbe hat die Mauer
Und woraus ist sie gemacht?
Unterbricht das Kind.

Sie kann grün sein, wie die Hecke im Garten,
Aus Blättern,
Sie kann blau, wie der Himmel des Südens sein,
Aus Luft,
Sie kann hölzern sein, aus Brettern,
Wie die alte Brücke über'm Fluß,
Sie kann rot sein,
Falls sie bespritzt ist mit Blut.

Sie kann auch weiß, schön getüncht sein,
Wie unsere Küche vor Feiertagen.
Ja, leider kannten viele Menschen, und auch Kinder
Solche Mauern
Und haben niemals andere Mauern mehr geseh'n...

Und was ist die Klagemauer?
Wollte die Kleine noch wissen...

Dies ist die einzige Mauer, die nicht teilt,
Sondern bindet, verbindet ein Volk,
Das seit Jahrtausenden verstreut,
Auf dieser Erde lebt.

Kannst du das versteh'n, mein Kind???

Traum

Ich schließe die Augen
Und fühle deinen tiefen, blauen Blick,
Auf mir ruhen.

Ich schließe die Augen
Und spüre deine heißen Lippen
Auf meinem Mund.

Ich schließe die Augen
Und atme den Geruch deiner Haut ein,
den ich so liebte.

Ich schließe die Augen
Und denke
An deine Umarmung von einst.

Ich schließe die Augen
Und wünsche, ich schließe sie
Mit deinem Bild
Für immer.

Umsiedlung

Wenn ein Staat alt wird
Und die Herrscher glauben,
Daß er schwach sich fühlt,
Wenn sie Angst vor Feinden haben,
Im Innern und außerhalb seiner Grenzen,
Wird eine Umsiedlung gestartet...
Das ist keine Kleinigkeit:
Die Bewohner des Südens
Müssen nach Norden zieh'n,
Ob sie gewillt sind oder nicht,
Zwecks "Kühlung".
Die Menschen des Nordens
Werden in den Süden befördert,
Zwecks Beobachtung.
Die Westler zieh'n nach Osten,
Genug mit der Liebäugelung!
Und die Östler geh'n nach Westen,
Näher zu Greenwich!
Ein Volk, ein Land, ein...
Moment mal, wurden die Völker gefragt???

Ein Körper ist ein kleines Land,
Wenn er alt wird
Ordnet man eine Umsiedlung an.
Pigmente, wie Melanin,
Werden aus den Haaren gezogen
Und kommen als braune Flecke auf die Haut.
Collagen wird aus der Haut
In die Gelenke versetzt.
Das Resultat: die Haut welkt,
Und die Gelenke werden steif!
Kalzium und sein Kollege Cholesterin
Werden in die Blutbahnen verbannt.
"Wir müssen die Bahnen stärken", heißt es.
Salze werden in verschiedenen Blasen stationiert,
Und Harnsäure kommt als Knoten
An die Fingergelenke...
Wer ordnete diese Umsiedlung an?
Hatte auch das Hirn zuviel "Was?"
Ein Körper, eine Seele, ein...
Moment mal, wurde die Seele gefragt???

Der Mensch im Universum

Was bist du überhaupt,
Du kleines, winzig kleines Lebewesen.
Mensch?
Genau wie dein Körper Zellen hat,
Milliarden und Milliarden Zellen,
Gute und böse,
Bist du eine winzig kleine Zelle
Im Weltall.

Welche Kraft hält die Zellen aneinander gekettet?
Magnetismus?
Welche Kräfte halten die Menschen zusammen?
Sind Liebe, Freundschaft, Treue,
Magnetische Kräfte?
Oder nur abstrakte Worte, leerer Wahn??
(Siehe Mario Simmel: Liebe ist nur ein Wort)!

Kriege zwischen Zellen? Gibt es diese?
Aber ja! Die bösen Zellen überfallen die guten,
Wollen sie zerstören,
Und oft, gar zu oft, gelingt es ihnen...
Genau wie in der Geschichte der Menschheit...

Und wer programmierte die Zerstörung
Die Zerstörung der anderen??

Leider genau wie bei den Menschen...

Paul Brenner, Sonnenaufgang am Mittelmeer, Öl auf Leinwand, 2003.

Ich liebte die Menschen

Ich liebte die Menschen vor vielen Jahren,
Ich liebte die Menschen, so wie sie waren,
Ich liebte sie!

Ich liebte den Frühling,
Ich liebte das Leben,
Ich liebte die Blumen, den Wald
Und die Reben
Ich liebte die Menschen,
Die nach Frieden strebten,
Ich liebte die Menschen!

Ich liebte die Veilchen
Am Waldesrand,
Violett und zart,
Ich liebte die Berge,
Die Felsen, die steilen,
Ich liebte die Täler,
Die Berge teilen,
Und ich liebte die Menschen...

Ich liebte die Kinder,
Die sorglos spielten
Die Jungs und die Mädchen,
Die Händchen hielten
Und ich liebte die Menschen!

Heut kann ich nicht lieben,
Denn alles ist anders
Menschen nicht Menschen,
Kinder nicht Kinder,
Gibt es auf der Welt noch
Überhaupt Kinder???
Wo??

Ein Gramm

Was benötigt ein Mensch zum Glücklichsein!

Ein Gramm Gesundheit und Sonnenschein
Und ein fröhlich Gemüt.
Ein kleines Gramm Liebe,
Ein klein wenig Pein
Und ein wenig Geld.
Wem gehört da nicht diese herrliche Welt??

Ein wenig Frühling,
Ein wenig Erfolg,
Kein Waffengeklirr,
Ein geeintes Volk.
Kein Gefühle-Gewirre.
Bloß eine Schüssel mit Linsen,
Doch kein Linsengericht.
Und die Sonne scheint
Auch in den Binsen.

Einen Freund,
Wie ein Bruder,
Ohne zweites Gesicht,
Ein wenig Verständnis,
Ohne jedes Gericht,
Vertrauen zum Nächsten,
Der auch dir vertraut,
So sollte die Welt sein,
Die IHR heute erbaut!!!

Wettlauf

Zu aller Anfang sind die Neugebor'nen gleich,
Klein oder etwas größer,
Mit einer Fettschicht überzogen,
Erscheinen sie auf dieser Bühne,
Die man Leben nennt.
Mit zerknülltem Gesicht, wie alte Menschen,
Müssen sie hinaus
In die Kälte.

Sie atmen die gleiche Luft,
Ob sie nun milchig-weiß-rosa,
Ob gelb wie Zitrone sind,
Ob schokoladenbraun oder schwarz...
Sie steigen ein ins große Rennen!

Wie viele werden unterwegs bleiben,
Zu schwach, um sich zu behaupten?
Wie viele werden das Ziel erreichen,
Das langersehnte Ziel??

Und was dann???

Paul Brenner, Abstrakte Szene, Öl auf Leinwand, 2004.

Es war einmal

Es war einmal, an einem klaren Herbstabend,
Als ich dich zum ersten Mal sah.
Du machtest nicht gerade einen
Umwerfenden Eindruck auf mich...
Doch später, als ich dich näher kennenlernte,
Mußte ich mir sagen,
Daß nicht immer der erste Eindruck
Der bleibende sein muß!

Wir saßen jeden Abend beisammen,
Beim Radio, der Fernseher war noch Utopie,
Wir sprachen über's Leben,
Über deine und meine Vergangenheit
Wir erzählten einander Erlebnisse,
Über die wir vorher nie gesprochen hatten
Und wahrscheinlich nie wieder reden werden...

Und eines Abends
Lauschend den Klängen der "Appassionata",
Da fühlte ich irgendein Fluidum...
Ob dies Liebe war??
Ohne Händchenhalten,
Ohne Küsse,
Ohne Sex...

Wie viele Jahrzehnte sind seither vergangen?
Heute bin ich dessen gewiß
Es war die reine Liebe...

Paul Brenner, Spuren im Schnee, Acryl auf Leinwand, 2010.

Mutter

Deine Augen waren so blau, wie der Himmel,
So blau wie das Meer in Kirjat-Yam,
Deine Haare waren weiß, wie der Schaum der Wellen,
Die langsam schlagen an den Damm...

Dein Herz war stets hilfreich und frohen Mutes,
Du warst wie die Sonne, die Licht bringt und Segen,
Und ein Lächeln umspielte stets deine Lippen
Wenn die deinen du sahst um dich sich bewegen...

Deine Seele war rein, wie die eines Kindes,
Deine Stimme war leise, wie das Säuseln des Windes,
Der vom Meer weht, im Abendrot...

Du glaubtest an Menschen und glaubtest an Gott,
Du hattest ein langes, nicht leichtes Leben,
Und wünschtest dir oft den Tod,
Wie du sagtest, um die deinen, von dir zu befreien.

Dein Name war "Frieda", der Friede war in dir
Und wie ein Gebot, so klopfte dein Herz,
Um andern Frieden und Freude zu schenken.

Du weintest mit jedem, der Schmerzen hatte,
Doch weintest du nie um dich,
Du freutest dich mit den Freuden anderer,
Doch Freuden gab's wenige für dich...

Du warst aus einem fernen Land gekommen,
Wo Freiheit bis gestern ein Traum..
Hier warst du vereint mit allen Lieben
Im freiem Vaterland, doch kaum
Gewöhntest du dich an die neuen Sitten,
An Sprache und Leute, an Sand und an's Meer,
Gingst du dahin...

Oh Mutter, warum hast du uns verlassen?
Ohne dich ist das Leben so leer...
Dein Tod kam so plötzlich, so gar nicht zum fassen.

Unter dem Fenster rauscht leise schluchzend
Mit mir das Meer...

Frühling in Wien

Morgens, wenn ich das Fenster meines Zimmers öffne,
Strömt Frühlingsluft in meinen Raum,
Die große Platane streckt ihre langen Arme mir entgegen.
Während gelber Goldregen mir "Guten Morgen" wünscht...

Auf langen Beinen stehen rote Tulpen,
Stolz tragen sie ihr herrlich Haupt,
Der lila Flieder ist in voller Blüte
Und sendet sein Morgengebet gen Himmel...
Der Duft Gan Edens[10] erfüllt den Garten, auch den Raum...

Und die Sonne lacht...
Ein Paradies, das mich zurückversetzt in meine Jugend
Und in mir neuen Lebensmut erweckt...

Doch wann, weiß niemand,
Einem andern Paradiese weichen muß...

Ob Paradies? Wer weiß es?
Die Hoffnung bleibt besteh'n!!!

---

[10] Garten Eden, das Paradies

Ich an dich

Zuerst fesselten mich deine Augen,
Sie waren so tief, umnebelt und blau,
Wie das Meer, das ich liebte,
Ohne es je geseh'n zu haben.
Sie schauten ernst drein, und ich wußte nicht,
Ob sie, wie alle jungen Männer
Mein Äußeres begutachteten
Oder mein Inneres prüften
Oder sie mich überhaupt nicht sahen,
Und durch mich, wie durch ein Glas,
Eine andere suchten?
Oder ob sie mich mit der "Andern"
Vergleichen wollten,
Oder mich auf einen unsichtbaren Teller
Einer im Geiste befindlichen Waage legten...

Plötzlich fingen diese Augen an zu sprechen.
Und ich kann mich noch entsinnen,
Daß mir nicht sehr wohl zu Mute wurde,
Ob ich wohl das Examen dieser Augen
Bestanden habe, fragte ich mich...

Im Leben ist es halt so, daß bei einer Begegnung
Man entweder von der Gesamterscheinung oder
Von einem gewissen "Etwas" dieser Person
Sich angezogen, gar gefesselt fühlt.
Dann, falls es noch ein "Dann" gibt,
Findet man den Geist, den unsichtbar gebliebenen,
Den tiefen Geist, der manche anzieht, den viele fürchten,
Weil sie sich zu klein, zu unscheinbar glauben,
Einen Wortkampf aufzunehmen.

Ja, ich muß zugeben, daß dein Geist mich faszinierte
Und ein ganzes Leben fesselte, trotz Erdbeben und Gewitter,
Trotz der Ost- und Westwinde, die sowohl bei dir
Wie auch bei mir vorüber bliesen...

Und wir aneinander gebunden blieben durch den
Unsichtbaren Seidenfaden, der Liebe heißt,
Bis an unser Ende – und darüber hinaus.

Israelis

Juden glichen Wanderdünen, einmal hier und einmal dort.
Sand gab's seit Jahrtausenden, gleich diesem Volk.

Juden glichen Wandervögeln, hielten nie an einem Ort,
Doch seitdem ein Staat ihr eigen, zieh'n sie nimmer fort.

Juden sind wie gute Geister, mal in Süd und mal in Nord,
Buch und Denken sind die Meister, doch wie viele glauben an Gott?

War es Glaube nur, war's Schicksal oder doch das gleiche Blut,
Das zusammenhielt die Juden in Galut?[11]

Von dem Gastvolk mal bewundert ob der Einigkeit und Treu,
Auch wenn viele sie beschmutzen, auch wenn viele sie zerschmettern,
Wuchsen sie auf 's Neu!

Also müßte es auch hier sein, im alt-neuem, blühend Land,
Ob die Haut ist schwarz, ob rosa, reicht man sich die Bruderhand.

Bau'n gemeinsam aus den Scherben der Vergangenheit die Städte,
säen Gärten, Felder, Äcker, auf dem Wüstensand.

Feinde wird es immer geben, die beneiden, die bedauern,
Und auf ihre Schwächen lauern, trachten oft nach ihrem Leben.

Doch man muß mit Tat beweisen, daß sie Eins in Geist und Macht,
Daß sie keine Kriege mögen und stets nur nach Frieden streben...

---

[11] Jüdische Diaspora

Gegenwart

Was du gestern noch warst, hat wenig Wert,
Gleich dem gestrigen Nebel.
Doch auch dieser
Kann mal nützlich sein:
Kann verdecken, kann viel verstecken!

Auch du warst gestern noch nützlich,
Bist du heut' noch zu etwas gut?
Kannst du seelische oder körperliche Leiden lindern?
Bist du Pfaffe oder Kurpfuscher?
Kannst du Sterne deuten oder Geister beschwören,
Oder ein Bein abschneiden?
Kannst du Freundschaft heucheln und Freunde verklagen?
Kannst du Kinder zeugen und dann sie verjagen?
Kannst du angeben und auf andre treten,
Um hochzukommen?

Falls du eine dieser Eigenschaften besitzt
Wirst du erfolgreich,
Wirst deinen Weg schon schaffen,
Dann bist du "Wer",
Wirst auch im "Who is who" zu finden sein,
Kannst du aber wahrhaftig helfen,
Dann geh und hilf, den Millionen,
Die nichts besitzen, krank und arm
Auf fremde Hilfe warten...

Doch gewöhnlich wird geholfen,
Jenen, die keiner Hilfe bedürfen.

Jene, die wahre Werte besitzen,
Jene Millionen, die im Schatten der Glanzvollen,
Der Schönen, der Mächtigen,
Stets im Schatten der künstlich gezüchteten
Ihr armseliges, doch zufriedenes Dasein fristen,
Die falls sie Wünsche hegen, mit ihnen sterben,
Wenn sie mit ererbter Sehnsucht leben,
Mit dieser Sehnsucht auch vernichtet werden,
Geh und hilf diesen!!!

Karussell

Im Leben muß man sich auf's Dreh'n versteh'n,
Denn jeder Mensch dreht mal "ein Ding",
Oder dreht man ihm ein Ding mal an,
Mal wieder eines Dinges willen!

Bereits der alte Adam wußte dies,
Und man drehte ihm was aus seiner Rippe,
Um ihn und seine Nachfolger zu verunglücken,
Sagen die Männer,
Zu verzücken, zu beglücken,
Sagen mit Recht die Frauen...

Die Redner drehen mit den Händen, um zu imponieren,
Zu akzentuieren, zu hypnotisieren,
Und zur gleichen Zeit auch mit der Zunge,
Wie ein Yogi.
Dies hält jung und wird geschätzt.

Die Turner, Tänzer und auch andre
Dreh'n mit Armen, Beinen, usw.
Und von Höhen, Weiten, Meilen
Hängt der Preis dann ab.

Frauen dreh'n mit viel Geschick
Ein Gewisses, nennen wir's Hüfte,
Und je wiegender und sexy,
Dieses Drehen sich vollzieht,
Desto größer der Effekt erzielt.

Mit der Nase dreh'n heißt rümpfen,
Und du kannst auch geh'n in Strümpfen,
Oder ohne, bleibst ja doch nur'n Nörgler,
Und was hast du schon davon???

Mit den Köpfen dreh'n die Männer,
Wenn sie Seit' an Seit'
Mit der Angetrauten geh'n,
Tun, als ob sie was verlören,
Und schauen 17-jähr'gen Gören,
gerne nach...

Mit Ideen dreh'n Wissenschaftler,
Sogar manchmal mit Erfolg.
Doch um brauchbar die Idee
zu machen, Antichambre,
Verbindung,
Bett der Fee!!!

Mit den Völkern dreh'n die Herrscher,
Dreh'n nach rechts und dreh'n nach links,
Winde blasen mal vom Osten,
Mal vom Westen, doch am Besten,
Geht das Waffenhandel-Geschäft.

Hast du Geld, dann dreh damit,
Hast du kein's, dann schad' um dich,
Denn dann wirst um's Geld gedreht!

Und so dreht halt jeder etwas
Und wofür, warum, wozu?
Redet sich und andren ein,
Daß er's kann,
Und sogar zu oft mit Erfolg!

Verteilung

Und immer wieder stellt ich mir die Frage
Warum die EINEN seien in der Lage
Stolz das Lenkrad zu lenken,
Ohne an die ANDERN, die Fußgänger
Zu denken...

Nach welchen Kriterien
Hat das Schicksal diese Wahl getroffen?
War es zu jener Zeit besoffen?
Oder war es bestochen von jenen Leut',
Denn was galt damals, gilt auch heut!

Egal ob Nord, ob Süd oder West,
Bist du gescheit, errätst du den Rest.
Wirst du mal klüger als die And'ren,
Dann mußt du nimmer wandern.

Ja, stets wirst du finden allerorts
Die vom Schicksal Erwählten
Und die Betroffenen,
Die vom Leben ernüchtert
Und die Besoffenen
Vor Glück...

Freundschaft

Wenn Traum und Wirklichkeit sich Hände reichen
Und Treue schwören für die Ewigkeit,
Dann fährt die Bahn des Schicksals in die richt'gen Weichen
Und winkt die Morgenröte der Gerechtigkeit.

Oh komm und sei doch mein für immer,
Ich will dir ew'ge Treue schwören,
Du bist für mich ein gold'ner Schimmer,
Und sollst nur mir gehören!

Ich werde dich auf Händen tragen,
Du wirst bei mir die Einz'ge sein,
Du kannst es ruhig nochmals wagen.
Wann wirst du endlich mein?

Du tausendjähriger Junggesell,
Wie oft hast du mir Treu geschworen?
Ich bin nicht mehr das kleine Ding,
So klein, so weltverloren!
Ich hab mein Recht wie alle Frauen,
Bin mit der Zeit erwacht
Und alle Völker wundern sich
Und hatte jemand uns verlacht?

Heut ist modern Probeehe,
Man geht ins Bett und man versucht.
Nimmst du dir eine Nebenfrau,
Dann sei dreimal verflucht!

Es gibt so viele, die versprechen,
Doch wenige sind auserwählt,
Ihr Wort zu halten, nicht zu brechen
Und biegen: "ich quäle, du quälst, er quält".

Wenn Traum und Wirklichkeit sich froh vereinen
Und Treue schwören für die Ewigkeit,
Dann fährt die Bahn des Schicksals in die richt'gen Weichen,
Und Friede kommt herab auf diese Menschheit!

Ein Mädchen wartet

Es ist acht Uhr abends,
Diese Straße ist noch leer.
Viele Mädchen warten,
Sie sind jung, blutjung, schön
Und langbeinig.
Gleich Karyatiden eines griechischen Tempels
Stehen sie starr, an die Wände der Häuser gelehnt.
Und warten und hoffen...

Plötzlich kommt Leben in die starren Gestalten
Als Männer um die Ecke biegen.
Männer? Nein, es sind Halbwüchsige.
Sie mustern die Mädchen,
Sie mustern sie von Fuß bis Kopf...
Von unten nach oben, nicht umgekehrt.

"Willst du heut Nacht mit mir schlafen?"
Ohne ein Wort, ohne eine Geste, ohne aufzublicken
Geht eines der Mädchen mit dem Jungen...
Viel kann da nicht rausschauen... denken die andern,
Wird sie beneidet? Wird sie bedauert?
Von den wartenden Karyatiden.

Ein Wagen rollt recht langsam heran,
Ein Cadillac, am Steuer ein alter Mann.
Er bremst, begutachtet die Mädchen, winkt.

Mit schleppenden Schritten geht die Gerufene näher,
Sie weiß, es könnte die Chance ihres Lebens sein,
Mit funkelnden Augen steigt sie ein...
Ohne sich umzusehen.
Und kehrte nie wieder zurück...

Das Kolosseum in Rom

Die Touristengruppe wird von einem Reiseleiter
In die Architektonik und in die Geschichte Roms eingeweiht.
Ich entferne mich von der Gruppe, will allein sein,
Will die Umgebung auf mich einwirken lassen...
Und sitze bereits auf einer der Steinbänke.
Sonderbar, ich höre nicht mehr die Fragen
Der Touristen, auch nicht die entsprechenden Antworten.
Es ist mir, als liefe die Zeit zurück.
In den vollbesetzten Reihen, um mich herum,
Sitzen Frauen in langen, weißen Gewändern,
Sitzen Männer in Togas, beschuht mit Sandalen
Und jauchzen und johlen!
Plötzlich Totenstille, Nero, der Kaiser tritt ein.
Er hebt die Hand zum Gruß:
"Salve" klingt es aus aller Munde.
Er setzt sich und seine erhobene Hand saust nieder,
Ein Tor öffnet sich,
In die Arena treten Männer, Christen,
Hünen, Supermänner, mit stählernen Muskeln,
Nur mit einem Schurz bekleidet,
Ein jeder verneigt sich langsam
Vor dem Kaiser, vor den Patriziern,
Nach rechts und nach links.
Ein jeder weiß was ihn erwartet,
Ein jeder von ihnen sendet ein stilles Gebet
An Jesus, ein Bittgebet, um ein rasches Ende,
Ein Dankgebet, daß die Wartezeit vorbei ist,
Wer kann das je ergründen?

Ein zweites Tor öffnet sich,
Ein Raunen geht durch die Menge,
Majestätisch schreiten die Löwen,
Sie verneigen sich nicht,
Sie danken nicht, sie brüllen
Und schütteln ihre Mähnen,
Sie sind ihres Sieges gewiß.
Sie stürzen auf die Gladiatoren,
Ein kürzerer Kampf, ein längerer Kampf,

Die Besiegten liegen halbzerfleischt
In Staub und Blut.
Circenses für die Bürger Roms,
Grausame Circenses.
Wo warst du, Jesus, damals,
Auf einer andern Galaxie???
"Wie viele Gladiatoren fanden den Tod in den Arenen Roms?",
fragte ich unseren Reiseführer.
"Es wurden keine Statistiken geführt", war seine kurze Antwort.

Ich besuchte lange Zeit nach Ende des Zweiten Weltkrieges Berlin
und auch den Sportpalast,
und wieder lief die Zeit nur um 40 Jahre zurück...
Überall johlende Menschen,
Stille tritt ein als ein Mann,
Ein uniformierter Mann ans Rednerpult steigt...
Er hebt die Hand zum Gruß: "Heil"
Ein tosendes Echo, aus Tausenden Kehlen.
Die Hand saust herunter:
Der Anfang vom "Schluß"
Millionen verbrennen,
Und Rauch aus Schloten verdunkelt
Den blauen Himmel.
Andere, zu Tausenden schaufeln unbekleidet ihr Grab...
Und senden ihre Gebete zu ihrem alten Gott:
"Erhöre doch unsere Stimme,
Siehst du nicht unser Leid???"
Und dann ein Schuß, bloß einer?
Nein, viele, viele, viele...
Wo warst du damals, Gott,
Auf einer Urlaubsreise???

40 Jahre nach dem Schlachthof der Geschichte
Hebt ein anderer Fanatiker, er heißt Sadam, seine Hand:
"Salem aleikum"
Die Hand saust herab, Tausende werden gehenkt,
werden vergast,
obwohl sie auch Moslems waren...
"Allah stehe deinen Getreuen bei!", beten sie.

Und Musa Dagh[12] und Kosovo und, und, und...
Wozu haben Menschen Hände???
Zum Grüßen "Salve, Schalom, Salem aleikum".
Sie sollten nie wieder niedersausen,
Sie sollten liebkosen, streicheln, beten,
Keinesfalls Auftakt zum Schießen,
Auftakt zum Töten geben...
Man sollte aus der alten und neuen Geschichte lernen...
Wer will schon heute lernen,
Man guckt ins "Google" und weiß alles – wirklich alles?

---

[12] Musa Dag (Mosesberg), Berg in der Türkei und Zufluchtsort für ca. 5.000 Armenier bei ihrer Vertreibung durch die Türken 1915; dazu Franz Werfel, Die vierzig Tage des Musa Dagh (1933/1947).

Spatzen

Ein Landhaus mit rotem Ziegeldach,
Mit Schornstein und Dachrinne,
Die in ein Regenfaß mündet,
Und vielen, vielen Spatzen...

Noch lang bevor die Sonne aufging,
Krähten die Hähne.
Plötzlich ein Gezwitscher, ein Spatzenchor,
Anders als jeden Morgen.
Streiten sie etwa? Nein, viele, sehr viele
Sitzen auf der Dachrinne. Und halten Rat.
Vielleicht vor ihren Wahlen?
Oder ist eine Vogelrevolte ausgebrochen?
Andere wieder fliegen zwitschernd
An meinem Fenster vorbei,
Als wollten sie um Hilfe bitten.

Ich stehe barfuß im taufrischen Gras
Es duftet nach feuchter Erde
Und Nebel steigen auf von nahen Hügeln.
Die Spatzen umfliegen mich, als wollten
Sie mir eine Geschichte erzählen.
Als wollten sie mir sagen "Tue doch etwas."
Ich bemühe mich, sie zu verstehen,
Sie sind doch meine Freunde,
Ich füttere sie täglich mit Brotkrummen
Und sie zupfen meine Haare, meine Finger...
Immer wieder fliegen sie aufs Dach und
gucken in die senkrechte Rinne.

Ich greife nach der senkrechten Rinne,
Rüttle und schüttle sie ein wenig.
Schwupps, höre ich etwas in der Rinne rutschen
Und ein Spatzenbaby, ganz winzig,
Landet im Regenfaß. Ich greife nach ihm,
Hole es aus dem Wasser, und
Es sitzt auf meiner Handfläche.

Sofort werde ich von Hunderten Spatzen
Belagert, bezwitschert, bedankt...
Und dankbar fliegen alle samt Baby davon.

Zum Andenken und Nachdenken

Sachen, unbeseelte Dinge, haben ähnlich wie Menschen oder andere Lebewesen ihr eigenes Schicksal. Sie sind einem bestimmten Gesetz unterworfen, sie "erblicken" das Licht der Welt, sie reisen, werden geschätzt oder mißachtet und auf den Müll geworfen, werden mit Preisen bedacht oder verbrannt, werden alt oder "unsterblich."

Wie dem auch sei, es gibt Dinge, die genau wie Menschen ihre Heimat, ihren Entstehungsort verlassen mußten und gerade so wie Exilanten, Flüchtlinge oder "displaced persons" einen anderen Stand- oder Liegeort finden mußten, es sind "displaced things".

So erging es einem Exemplar der Zeitung "BUKOWINAER NACHRICHTEN" versehen mit dem Datum: Sonntag, 2. März 1890.

Die Zeitung erblickte die Schwärze des Druckes in Czernowitz, trägt die laufende Nummer 444 und war damals im dritten Erscheinungsjahr; mithin erschien die erste Nummer dieser Tageszeitung im Jahre 1888. Die Zeitung ist in gotischen Lettern gedruckt und enthält außer dem Leitartikel über das städtische Budget eine Stellungnahme zur Spielleidenschaft und zum Wettfieber, ein Feuilleton – die Beschreibung der Reise eines Czernowitzers per Schiff von Triest, damals Österreich-Ungarns Hafen, bis nach Bombay. Dazu kommt vieles andere wie politische Berichte, Nachrichten aus dem Schulwesen, Bericht der jüdischen Kultusgemeinde, Kulturnachrichten, wissenschaftliche Neuigkeiten, Theaternachrichten, Nachrichten aus Wien und aus Galizien, Todesanzeigen und Werbung, nämlich Annoncen verschiedener Fabriken, Geschäftsläden und Warenhäuser aus Czernowitz und Wien, Börsenberichte und Privatanzeigen.

In den 8 Seiten des Halbbogenformats (A3) vermittelt das Blatt einen Querschnitt durch das tägliche Leben in Czernowitz im Jahre 1889. Nach mehr als 100 Jahren liest es sich wie ein Märchen mit größtenteils unbekannten Personen, obwohl hie und da auch Namen aus meiner Kindheit auftauchen: Die altösterreichischen Straßennamen hüllen das Vorkriegsbild meiner Heimatstadt vor meinem geistigen Auge in ein wenig Romantik und viel Nostalgie. Es ist das Bild, das meine Generation in Erinnerung behalten hat, mit der Promenade in der Herrengasse, mit den ihre Stöcke schwingenden Couleurstudenten, dem Mädchenlyzeum in der Landhausgasse, dem schönen Volksgarten in der Siebenbürgerstraße, und nicht zuletzt mit der Habsburghöhe und ihren im Laub versteckten Bänken für Liebespärchen.

Wer dachte damals im tiefsten Frieden und in jugendlichem Optimismus daran, daß bald die Welt aus den Fugen gesprengt werden würde, wer dachte damals, daß die friedlichen Bewohner dieser hochkulturellen Stadt in die entferntesten Ecken und Enden dieses Planeten verstreut werden würden, und nurmehr durch den Verband der Bukowiner und sein Presseorgan "Die Stimme" untereinander verbunden bleiben würden?

Das Schicksal dieses Exemplars der "Bukowinaer Nachrichten" ist mit dem meinigen verknüpft, es hat mit mir eine weite Reise durch Raum und Zeit gemacht. Es überlebte beide Weltkriege, das Ghetto in Czernowitz, die Emigration nach Rumänien und endlich nach Israel. Es liegt wohlbehalten in einer Schublade meines Schreibtisches, so wie es vorher in dem meiner Eltern und Großeltern lag. Über uns regierten der Kaiser Franz Joseph, die rumänischen Könige, die Sowjetmacht, Gheorghiu-Dej und Ceausescu, bevor wir endlich nach Israel kamen...

Obwohl das Alter und das Klima Israels der Zeitung nicht sehr zuträglich sind, wird sie – so hoffe ich – auch den kommenden Generationen meiner Familie ein behüteter Schatz bleiben, denn das Feuilleton "Von Czernowitz nach Bombay" wurde von meinem Großvater Moritz Feuerstein verfaßt.

Namen und Namenwechsel

Das ist eine schwierige, eine mit vielen Problemen verbundene Frage. Im Altertum waren die Juden ein Nomadenvolk und wahrscheinlich war es der Wille Gottes, daß seine "liebsten Kinder" Jahrtausende hindurch wandern und ihre Namen denen des Gastvolkes anpassen sollten. Oder nicht?

Meine Familie führt einen deutschen Namen. Einer der Vorfahren meines Mannes (s.A.) hatte wahrscheinlich diesen Familiennamen aufgezwungen bekommen, vielleicht war er Besitzer einer Spiritus-Brennerei, und alle Nachkommen haben diesen Familiennamen behalten. Egal ob die Flagge polnisch, österreichisch, rumänisch oder russisch wehte, die Familie behielt den gleichen Namen.

Ein kleines Erlebnis aus der Zeit, als meine Söhne noch Kinder waren, beweist, daß es Probleme sogar mit Vornamen gab, und daß das auch immer so bleiben wird. Als ich meinen jüngeren Sohn in die erste Volksschulklasse einschulte, in der 100% rumänischen Stadt Ploiesti, da wunderte sich bereits die Sekretärin über den deutschen Vornamen meines Mannes, "Gottfried", und bemühte sich ihn richtig auszusprechen. Mein Mann war ja zur Zeit seiner Geburt Österreicher.

In der ersten Unterrichtsstunde fragte die Lehrerin jedes Kind nach dem Namen der Eltern. Mein Söhnchen schämte sich des deutschen Vornamens seines Vaters, denn er wurde von den Nachbarjungen stets "kleiner Deutscher" genannt, weil er deutsch sprach und zudem blond und blauäugig war. Er zog es vor sich dumm zu stellen und sagte einfach: "Ich habe es vergessen", was natürlich eine Lachsalve der Mitschüler und ein sehr verdutztes Gesicht der Lehrerin verursachte. Weinend erzählte er mir sein Erlebnis und war glücklich, daß er den rumänischen Vornamen Mircea trug.

Viele rumänische Fürsten trugen den Namen Mircea. Es ist ein männlicher Vorname, aber das weiß man nur in Rumänien. In anderen Ländern klingt er weiblich, so wie Marcia oder Maria. So kam es, daß er in Israel nach seiner Einwanderung Reklamesendungen für Damenwäsche erhielt, die an Mrs. Mircea Brenner adressiert waren. Nachdem er in die USA ausgewandert war, war es genau so mit den Einwanderungsbehörden, der Bank und an seinem Arbeitsplatz. Über kurz oder lang entschloß er sich deshalb, den Vornamen Michael anzunehmen: Endlich habe ich einen männlichen Vornamen, teilte er uns mit, und bin glücklich nicht mehr als Frau angesprochen zu werden.

Und mir geht es so ähnlich. Hedwig ist ein weiblicher Vorname, in deutschsprechenden Ländern. Aber in Israel, USA und andern Ländern enden die Frauennamen meist mit dem Buchstaben A. Also erhalte ich alle paar Tage aus aller Welt Werbung für Viagra.

Da es gerade Namenswechseln geht: Ich erinnere mich an ein unangenehmes Erlebnis aus der Zeit, als die rumänische "Securitate"[13] äußerst fleißig nach Staatsfeinden Ausschau hielt. Wir wohnten damals in Ploiesti. Eines Tages erhielten wir einen Telefonanruf aus einem Bukarester Hotel von einem Herrn Ben-Ami: Wir sollten beim Portier ein Paket aus Israel abholen. Nur meine Mutter war zu Hause, mein Mann und ich bei der Arbeit, die Buben in der Schule. Am Abend rieten wir hin und her, wer dieser mysteriöse Mr. Ben-Ami sein sollte. Wir kamen nicht drauf und beschlossen, in den nächsten Tagen nach Bukarest zu fahren, um das Paket zu holen. Es wurde uns vom Portier des Hotels übergeben. Herr Ben-Ami war bereits abgereist.

Auf dem Paket standen unser Name und unsere Adresse, und wir erkannten die Handschrift meines Schwagers aus Israel. Das Paket enthielt ein Nylon-Tischtuch, zu jener Zeit sehr in Mode, und sechs Taschentücher. In Rumänien waren das Raritäten. Wir bedankten uns bei meinem Schwager und dachten, damit sei die Geschichte erledigt, aber die gewissenhaften Offiziere der Securitate dachten anders. Die Angelegenheit wurde in unserer "dicken" Akte verzeichnet.

Als ich 15 Jahre später von der Securitate wegen einer andern Angelegenheit "eingeladen" wurde, fragte mich der Offizier: "Wer ist Nathan Ben-Ami?" Ich suchte vergebens in meinem Gedächtnis nach diesem Namen, aber umsonst, der kam nicht vor. Ich antwortete, daß ich niemanden mit diesem Namen kenne. "Warum lügen Sie", fuhr er mich an, "sie erhielten vor 15 Jahren ein Paket aus Israel, durch diesen Herrn, und holten es mit ihrem Mann in einem Bukarester Hotel ab. Was enthielt dieses Paket?" Und Zornröte überzog sein Gesicht. Nun ging mir eine "Kerzenfabrik" auf, und ich sagte dem Beamten, daß ich den Mann unter dem Namen Nathan Grünbaum kenne, und daß es in Israel üblich sei, seinen Namen zu hebraisieren, wenn man befördert werde.

Das führt zu solch unangenehmen Erlebnissen, aber auch aus anderen Gründen sollte man nicht den Familiennamen wechseln. Wie lautete einst dieser Satz: "Was du ererbt von deinen Vätern hast, erwirb es, um es zu besitzen." (Goethe)

---

[13] Berüchtigter rumänischer Geheimdienst.

Neueinwanderer in Israel

Der Zweite Weltkrieg hatte sehr viele europäische Familien auseinandergerissen: Wie können sich Familienmitglieder wiederfinden, wenn sie ihren Namen gewechselt haben? Nie, oder nur durch Zufall, wie das folgende Erlebnis beweist:

Es geschah 1982, als wir nach langem Warten endlich aus Rumänien ausreisen durften. Wir waren schon zwölf Jahre Rentner, nach Ansicht der Sicherheitsbehörden genügend Zeit, alle geheimen Dokumente zu vergessen, mit denen mein Mann während seiner Dienstzeit in Berührung gekommen war.

Wir landeten in Israel und wurden in das Auffanglager von Kirjat-Yam eingewiesen. Wenn wir das Wort "Lager" hören, läuft es uns verständlicherweise kalt über den Rücken, aber das hier war etwas anderes: Es erwartete uns eine Drei-Zimmerwohnung mit Küche und Nebenräumen, in einem siebenstöckigen Wohnblock am Meeresstrand, in einer Satellitenstadt von Haifa. Es war wie ein Appartement-Hotel in der Sommerfrische.

Wir konnten von unserem Fenster das weite blaue Meer sehen, die vielen bunten Schiffe in der Bucht und bei klarer Sicht nachts den Leuchtturm von Rosch-Hanikra am nördlichsten Punkt Israels.[14] Wir konnten Tennis spielen, im Meer baden, uns sonnen, und wir hatten den Eindruck, wieder jung zu sein. Abends, wenn der Feuerball der Sonne ins Meer sank, verfärbte sich der Himmel so unwahrscheinlich rosa, daß man es schon kitschig nennen könnte. Wenn die Dunkelheit ohne abstufende Dämmerung hereinbrach und die Landschaft, die Stadt und das Meer einhüllte, erschien die Stadt Haifa und der Berg Karmel, an und auf dem die Stadt erbaut ist, wie ein Himmel mit tausend glitzernden Lichtern.

Nach einigen Tagen begann der Hebräisch-Unterricht. Für diejenigen, die die Sprache in ihrer Kindheit gelernt hatten, war dies bloß eine Wiederholung. Für mich war und blieb es die schwierigste Sprache, die ich je gelernt hatte. Vormittags waren wir fünf Stunden lang aufmerksame Schüler, ganz wie einst in unserer Jugend, doch die Unterrichtsmethode war anders: Alles wurde auf hebräisch erklärt!

Ich glaube, es sind bereits 29 Jahre seither verstrichen, daß in einer der Pausen deutsche Worte an mein Ohr drangen. Ich wußte, daß in unserer Klasse ein deutsches Ehepaar war, das von einem Unternehmen für drei Jahre nach Israel verpflichtet worden war und zuvor die Landessprache erlernen mußte.

Dieses Ehepaar sprach mit einer "Schülerin" einer anderen, höheren Klasse deutsch. Ich wußte, daß diese Dame aus Argentinien eingewandert war, sie wohnte in unserem Wohnblock und sprach nur englisch oder spanisch.

---

[14] An der Mittelmeerküste.

Mein Mann sagte stets, daß ich sehr neugierig sei, "sogar mehr, als andere Frauen, und das will etwas heißen." So faßte ich einen spontanen Entschluß, ging auf die Damen zu, stellte mich mit dem Vornamen vor, wie es in Israel üblich ist, und fragte die Argentinierin, woher ihr so tadelloses Deutsch sei. Sofort kam eine nette Unterhaltung in Gange, in Deutsch, und als die Klingel uns wieder in die Klassen rief, wußte ich einiges von ihrer Biographie. Sie heiße Susi, sagte sie. "Aber Susi ist doch ein österreichischer Name", war meine erstaunte Antwort. "Ja, ich bin in Wien geboren und in der nächsten Pause erzähle ich Ihnen mehr." Und wir eilten uns in unsere Klassen.

Susi war 1934 als Tochter eines Arztes in Wien geboren und gerade vier Jahre alt, als der "Anschluß" Österreichs an Deutschland kam. Ihr Onkel mütterlicherseits, auch Arzt, lebte seit dem Ersten Weltkrieg in Indonesien. Bereits im Sommer 1938 fuhr die Familie über Genua nach Java/Indonesien. Der Vater arbeitete sogleich in seinem Beruf, und sie lebten sich langsam ein.

Als aber die Japaner in den Zweiten Weltkrieg eintraten und Java überfielen, wurde der Vater als Jude in einem Arbeitslager interniert, Mutter und Tochter fanden Zuflucht in einem Kloster. Die Familie überlebte den Krieg und emigrierte nach Holland, wo der Vater wieder als Arzt arbeiten konnte. Susi studierte Sprachen an der Sorbonne und erhielt Malunterricht im Atelier des Czernowitzer Malers Arthur Kolnik.

Sie heiratete einen holländischen Ingenieur, bekam zwei Kinder und übersiedelte mit Familie nach Argentinien, wo sie als Malerin und Kunstlehrerin im Radio Kunstunterricht erteilte. Nach ihrer Scheidung kehrte sie nach Holland zurück, heiratete wieder, gebar zwei Töchter, doch auch diese Ehe ging auseinander, und sie emigrierte mit beiden jüngsten Töchtern 1982 nach Israel.

Aber warum erzähle ich diese Geschichte, und was hat sie mit Namenswechseln zu tun?

Wir freundeten uns an, obwohl Susi meine Tochter hätte sein können, aber die gemeinsame Muttersprache schlägt Brücken über Zeit und Raum und Alter. Eines Tages fragte ich Susi: "Sag mal, wie lautet eigentlich dein Familienname? Den hast du mir niemals verraten?"

"Ich habe nach meinen Scheidungen den Familiennamen meines Vaters behalten, er lautet "Lehrer". Ich blieb ganz verdutzt stehen und antwortete prompt "Dies ist ein sehr häufiger Name in der Bukowina, ich hatte sogar Bekannte in Kimpolung, in der Südbukowina, mit diesem Namen."

Eine leichte Röte stieg in Susis Wangen, und sie sagte leise: "Mein Vater stammte auch aus Kimpolung, er hatte in Wien Medizin studiert und dann in Wien als Arzt gearbeitet. Dann holte er seine Jugendliebe, meine Mutter, aus Dorna-Vatra nach Wien."

Ich fragte Susi nach einer Weile, ob sie vielleicht mit meinen Bekannten namens Lehrer aus Kimpolung verwandt sei, die auch in Israel wohnten, ganz in der Nähe. Sie schüttelte verneinend den Kopf und sagte mit trauriger Stimme: "Es wäre zu schön, um wahr zu sein."

Mein Mann behauptete oft, ich hätte zuviel Phantasie, und er hatte, wie alle Männer stets recht, aber diesmal mußte ich meinem sechsten Sinn freien Lauf lassen. Ich rief kurzerhand die Familie Lehrer an und bat sie, am folgenden Abend uns zu besuchen, weil wir vor kurzer Zeit eingewandert seien und uns noch nicht gesehen hätten. Bei dieser Gelegenheit fragte ich Herrn Lehrer, ob er nicht eine Verwandte namens Susi habe. Er verneinte meine Frage. Trotzdem war ich fest entschlossen, meine Idee durchzuführen. Ich lud auch Susi für den folgenden Abend ein und bat sie die Fotoalben mitzubringen, die sie mir einmal gezeigt hatte.

Familie Lehrer stellte sich pünktlich zum Kaffee ein, brachte einen herrlichen Gugelhupf als Willkommensgruß mit, und wir erzählten gerade unsere letzten Erlebnisse aus dem kommunistischen Rumänien (sie waren bereits 20 Jahre vor uns in Israel), als Susi eintraf und zwei dicke Fotoalben mitbrachte. Ich stellte die Gäste einander vor, sie hatten den gleichen Familiennamen. Man beschaute sich gegenseitig, wie es so üblich ist, wenn man einander kennenlernt, und man stellte gegenseitig banale Fragen. Plötzlich fragte Dori Lehrer: "War Ihr Vater Arzt in Wien? Wohnten Sie in der X-Straße?" und blätterte dabei mit nervösen, ein wenig zitternden Fingern in den Photoalben, die auf dem Tisch. Plötzlich hielt er inne und rief: "Das ist doch Joshi, mein liebster Cousin!" Und Susi antwortete kaum hörbar, mit tränenerstickter Stimme: "Das ist mein Vater!"

Beide waren im gleichen Moment aufgesprungen und lagen sich in den Armen. "Also bist du das kleine, süße Mäderl, das ich oft auf meinen Knien schaukelte, als ich als Student auf der Durchreise nach Paris bei euch vorbeikam?"

Es war eine so rührende Szene, und auch jetzt beim Schreiben überkommt mich wie damals vor 28 Jahren eine Gänsehaut... Alle Anwesenden waren gerührt, und kein Auge blieb trocken... Susi und Dori waren Cousinen, ihre Väter waren Brüder, der Krieg, das Exil und die Deportation brachten sie auseinander, dann verwischten sich die Spuren. Dies war ein Wiederfinden nach einem halben Jahrhundert – und war es Zufall, Schicksal oder???

Am Himmel ziehen schwarze Wolken

Fragt dich jemand
ob du auch ein glücklich Kind mal warst?
Fragt dich je ein Mensch,
Ob dich etwas plagt?
Kein Mensch fragt dich, keiner fragt!

Auch du warst einst ein kleines Kind,
Das deiner Mutter harte Hand
Gestreichelt mild und lind!
Doch dann gab's Krieg.
Und Vater, den du nie gekannt,
Kam nicht zurück!

Es fragt kein Mensch,
Wie du als junges Mädchen warst;
Ob du schön warst und schlank,
Oder gar schlecht warst, oder mal krank,
Kein Mensch fragt dich,
Keiner fragt.

Auch du warst jung und die Arbeit hart,
Und hattest einen Bruder und einen lieben Freund.
Doch dann kam ein grausamer Krieg
Und keiner von beiden
Kam je zurück.

Du warst deinem Kind
Vater und Mutter zugleich
Und freutest dich' an seiner Jugend,
An seinem Glück.
Auch er mußte kämpfen in einem Krieg
Und auch er kam nie mehr zurück.

Du wartest noch heute
Auf Nachricht von ihm
Und fragst dich und Gott
Und die Menschen, die Menschen:
Für wen wachsen Städte, für wen die Wiesen
Für wen die Blumen, die Bäume und Felder
Und für wen die Waffen???

Warum Fabriken für Tanks und Raketen,
Wem nützt dies? Um die Taschen zu füllen
Derer, die sich am Unglück anderer bereichern, laben,
derer die keine Söhne haben,
und falls doch, nicht zu kämpfen wagen!
Nein. Rufen Millionen! Nie wieder Kriege...
Aber wer hört auf sie schon!!!

Paul Brenner, Absturz, Öl auf Leinwand, 1984.

Die leere Straße

Eine schöne, breite Straße ohne Einkaufszentren, ohne Läden, nur vier- bis siebenstöckige Wohnhäuser, Parkanlagen, Gärten. Alle 40 Minuten flitzen Autobusse vorbei, alle 10 Meter findet man eine einladende hölzerne Sitzbank für die älteren Bewohner. Viele ältere Frauen und Männer wohnen hier, hat man sie wegen der vielen grauhaarigen Menschen "Silberstraße" genannt?

Abends, wenn die heiße Sonne langsam am Horizont verschwindet, die Brise vom Meer auf die Stadt weht und die ersehnte Kühlung bringt, erscheinen alte Ehepaare, Händchen haltend zum abendlichen Spaziergang. Die Dämmerung, ohne Abstufungen, umwickelt die breite Straße. So war es einmal.

Die letzten 16 Tage hatten das Straßenbild verändert. Seitdem an manchen Tagen oft zehnmal die Sirenen heulen, seitdem die lauten "Bum" der Raketeneinschläge und Katjuschas vernehmbar sind, ist die ganze Straße wie ausgestorben, als ob ein vergifteter Wind die Straßen leergefegt hätte. Nicht einmal die Katzen, die sonst auf den Mülltonnen hocken und auf Futter warten oder streunende Hunde, die ihre Notdurft verrichteten, wagten sich auf die Straße, Ein jeder mutige Mensch, der in der Stadt verblieben war, sitzt in seiner Wohnung und wartet. Worauf?

Seit Tagen bin ich nicht mehr aus dem Haus gegangen, heute will ich versuchen, tapfer zu sein... Ich mußte mit einem Bus zur Post fahren, um zwei Bücherpakete zu holen, die seit einigen Tagen dort auf mich warteten, und falls ich sie nicht holte, als "nicht abgeholt" zurückgesandt würden.

Ich hatte auch die Absicht, meine Medikamente aus der Poliklinik zu holen und - last not least - Futter für meine Katze zu besorgen. Zu viele Pläne für einen kurzen Vormittag mit "sirenischer" Begleitmusik.

Ich stand in der Busstation gegenüber meinem Wohnhaus als einziger Mensch in der langen, leeren Straße. Ich verspürte ein unangenehmes Gefühl in der Magengegend und fragte mich, ob es nicht ratsamer wäre, nach Hause zu gehen, der Bus hatte wieder Verspätung. In diesem Moment begannen die Sirenen zu heulen. Ich überquerte eilends die Straße, erreichte den Toreingang und stellte mich in die äußerste Ecke des Stiegenhauses, unter eine Betondecke, in der Hoffnung, daß die kommende Rakete nicht unser Haus treffen würde. Aber sie trafen viele Häuser und viele Familien flohen aus der Stadt in südlichere Gegenden, die keine Rakete erreichen konnte.

Ein altes Lied aus meiner Jugend kam mir in den Sinn: "Eine Kugel kam geflogen, Gilt's mir oder gilt es dir?" Nein, ich hatte keinen Kameraden neben mir.

Und ich hatte eine Vision... Ich sehe mich um 40 Jahre jünger, auf einer leeren Chaussee, an der Einfahrt zu einem Kibbuz im Norden Israels. Es war ein Freitag nachmittag, und ich wartete auf den letzten Bus, der mich nach Haifa bringen sollte. Doch er kam nicht, oder war er bereits abgefahren? Ich muß dazu bemerken, daß ich als Touristin aus Rumänien da stand, zum ersten Mal in Israel. Ich wollte einen Kibbuz besuchen und auch ein Packerl von Verwandten übergeben. Diese Leute fanden es nicht nötig mich an den Eingang zu begleiten und mit mir zu warten, ich kannte noch nicht die Gewohnheiten und Eigenheiten des Landes.

Ein kleiner Wagen kam die Chaussee entlang, in die Richtung. in die ich fahren wollte. Ich winkte mit der Hand, der Fahrer stoppte. Neben dem Fahrer saß ein Mann, im Fond zwei Frauen. Ich fragte den Fahrer in English, ob er mich bis zur nächsten Stadt und Busstation mitnehmen könne, und er lud mich ein mitzukommen. Die Konversation mit den beiden Frauen erfolgte in einem gebrochenem Englisch, aber ich konnte dem Gespräch entnehmen, daß sie alle Araber waren. Ich erzählte ihnen, daß ich eine Touristin aus Rumänien sei.

Daraufhin sagte mir der Fahrer, daß er einst in Rumänien studiert habe und auch noch rumänisch spreche. Er brachte mich zur gewünschten Bus-Station, dankend empfahl ich mich und langte frohen Mutes bei meinen Verwandten in Haifa an. Ich erzählte mein Abenteuer, sie wunderten sich über meinen Mut! "Warum Mut?", fragte ich erstaunt.

Ja, in 40 Jahren ändern sich die Zeiten, die Menschen, das Leben und auch die leeren Straßen... Heutzutage würde ich nicht so mutig sein!!!

Gottfried Brenner, Die leere Straße, Aquarell, 1985.

Die Cognac-Flasche

Gutgelaunt brachte Egon seinen Wagen vor seinem Wohnblock zum Stehen. Es war schon ziemlich spät, und er wußte, daß ihn wieder die Vorwürfe seiner Frau erwarteten.

Egon, ein Mann von ungefähr 50 Jahren, sportlicher Typ, hochgewachsen, mit leicht ergrauten Schläfen, ein gutaussehender Mann, war Arzt mit einer gutgehenden Praxis. Er war Frauen gegenüber stets zurückhaltend, vielleicht sogar ein wenig befangen, aber das machte ihn eher noch anziehender. Seine Patientinnen betrachteten ihn als "Superman", seine Freunde beneideten ihn, seine Frau schwor, daß er sie nie betrogen habe, und seine beiden Söhne fanden ihn einfach "toll".

Er schloß die Wohnungstür auf und gelangte unbemerkt ins Wohnzimmer. Die Tür zum Eßzimmer war nur angelehnt, und von dort ertönte laute Rockmusik, an die er sich noch immer nicht gewöhnen konnte. Im gleichen Moment erinnerte er sich, daß bei ihnen heute eine Party laufen sollte, und hoffte, daß die Gäste noch nicht erschienen waren. Er verschwand im Badezimmer und kam danach ins Schlafzimmer. Dort fand er seine Frau, die im Begriffe war ein passendes Kleid für den Abend zu wählen. Sie guckte ihn wegen seiner Verspätung nur vorwurfsvoll an, machte ihm ausnahmsweise aber keine Vorwürfe. Sie war viel zu sehr mit der Wahl ihrer Toilette beschäftigt.

"Wie viele Gäste hast du eingeladen", fragte er, während er in ein weißes Hemd schlüpfte.

"Na, so ungefähr 20." Sie hatte ein elegantes hellgrünes Seidenkleid angezogen, das zu ihrer gebräunten Haut sehr gut paßte.

Egon sah seine anmutige Gattin wohlwollend an und flüsterte ihr etwas ins Ohr: "Haben wir genügend Whisky, Wermut oder Cognac?", wollte er wissen.

"Ja, ich denke schon. Die Gäste bringen doch meist noch Trinkbares mit."

Sie waren angekleidet, als die ersten Gäste an der Tür klingelten.

Jedes Paar kam mit einer Flasche und übergab sie Egon. Er brachte sämtliche Flaschen in die Küche, es waren ungefähr 10 und alle gleich: Cognac...

Und alle hatten an der rechten Ecke der Etikette einen kleinen schwarzen Fleck. Egon erkannte sämtliche Zeichen, dies waren seine Flaschen, die er zu verschiedenen Anlässen seinen Freunden gebracht hatte.

Gottfried Brenner

Im Park

Levkojenblüten duften süß im Garten.
Ein Kind schreit auf in dumpfer Unschuldslust:
Auch ich bin da... fast hätt' ich's nicht gewußt,
Und viele andere – und wir alle warten.

Wer weiß worauf? Die alte Frau daneben,
Vielleicht, daß Abendschatten niedergeh'n,
Im Blütenrausch gibt es ein Wiedersehen
Mit dem, das längst vorbei... mit ihrem Leben.

Sie duselt sanft. Ein leiser Windhauch streicht
Vorbei an harten Runzeln, müden Falten.
Ihr Antlitz drückt es aus, wie viel Gewalten
Den Stempel prägten, der dem Tod erst weicht.

Nun wird es dunkel, und ein Greis wankt müde
Der nahen Bank zu, Spatzen zwitschern laut.
Es schläft das Kind und hat noch nie geschaut
Ins Alltagsgrau. Die Bonne[15] lächelt prüde.

So sind wir alle fremd und doch verwandt,
Wir all' in dem geheimnisvollen Park
Von fernher braust die Großstadtbrandung stark
Und manchmal ist dann einer weggeblieben...

Nun hat die alte Turmuhr "zwölf" geschlagen –
Das Glück, es ging vorbei. Ein Tag dahin!
Der Wind fegt dürre Blätter vor sich hin,
Und wie im Hohn hör ich ihn "morgen" sagen...

---

[15] Kinderfräulein

Sonntagnachmittag

Du hast ein dunkelblaues Kleid getragen
Und einen blauen Hut mit weißem Band
Die Standuhr hat metallisch "fünf" geschlagen,
Als ich an jener Straßenkreuzung stand.

Und dann gibt's wirklich nicht sehr viel zu sagen;
Wir gingen ins gemütliche Café,
"Melange und Limonade," kein Grund zum Klagen!
Der Ober schnarrt "Auf Wiedersehen, adieu!"

Du bist dann – and're taten's auch –, zu mir gekommen.
Man könnte beinah sagen, es war nett.
Du warst ein wenig schüchtern und beklommen
Am Anfang in dem ungewohntem Bett.

Das hat sich dann gegeben, meine Kleine,
Dich zu entschuld'gen sei es hier gesagt.
Und mir verzeih, ich bitte, wenn zum Scheine
Ich Treue schwur und Liebesleid geklagt.

Denn das ist jahrelang schon tief begraben,
Mein Glauben an die Liebe ist verwest.
Das Totenlied nach ihm kräh'n schwarze Raben
Ich war sehr traurig; Du hast still gedöst.

Als ich dich dann hinunter hab begleitet,
Hast du mir zärtlich ins Gesicht geschaut.
Ein still' Verlangen hat mein Herz geweitet,
Doch dir's zu sagen hab mich nicht getraut.

Was hilft es Frauen auch die Liebe lehren?
Komödie spielen treff'n sie sowieso...
Sonst war's ganz nett; wie lange wird es währen?
"Adieu", die Luft durchhaucht ein Tremolo...

Straßensänger

Tage kommen, wo man hungersmüde
Irrt vor'm Büttelstock,[16] in wilder Flucht,
Stets die Lippen nach demselben Liede
Öffnen muß, weil man paar Groschen sucht.
Tarara, tarara, diedeldum, dum, dum.

Wilde Jagd durch winkelige Gassen,
Höfe, wo es schlecht nach Unrat stinkt.
Ha, wie lernt man jene Reichen hassen.

Hie und da erbarmt sich dann wohl einer,
Wirft dir einen Hungergroschen zu;
Manchmal, wie verhext, ist es auch keiner,
Nur der gute Rat: "Such Arbeit, du!"

Ja, da kann man denn nur wirklich sagen:
"Mann, du weißt ja gar nicht wo eins lebt.
Für uns gibt's kein Rad zu dreh'n, keine Last zu tragen,
Weil der Mensch ein Wesen, das nach Höherem strebt!"

Und darum hat unser lieber Herrgott,
Oder wer war's sonst – ich bitte sehr –
Ein "Verbot" auf Arbeit und auf's Tagbrot
Tunlichst unterzeichnet, gnäd'ger Herr!

Nachts sinkt man müd' in sich zusammen,
Man beschläft auch manchmal eine Frau.
Hunde tun's ja auch, warum nicht Damen?
Morgens scheint der Himmel wieder blau.

Tage kommen und sie gehen wieder,
Immer ist's die alte Litanei.
Und ich singe die Drei-Groschen-Lieder
Und ich lebe von der Bettelei.
Juchhei...

---

[16] "Büttel" hießen früher die Gerichtsdiener.

Gottfried Brenner, Großstadt, Öl auf Leinwand, 1995.

Frühlingslied

Im Park hat heut ein Kind gelacht,
Und jählings ist in mir erwacht
Die totgeglaubte, längst begrab'ne Liebe.
Du gutes Kind!

Die längst vereiste, starre Brust,
Sie füllt sich mir mit neuer Lust,
Und Frühlingsstürme wecken meine Triebe,
Du schlaues Kind.

Was Weibes-Liebe nicht gekonnt;
Mein krank' Gemüt hat heut besonnt
Ein reines, taufrisch-klares Kinderlachen,
Oh, vielen Dank!

Und in Gedanken spiel ich nun
Mit dir, in heit'rem Wichtigtun,
Die längst vergessenen Spiele
Meiner Jugend.
Welch Überschwang!

Weit-Angel offen steht die Welt,
Die mir nun doppelt gut gefällt,
Und schelmisch freut mich
Meine jüngste Tugend:
Ein Kind zu sein...

Gottfried Brenner, Der kleine See, Aquarell, 1986.

Frühling

Es spann ein Silberfaden sich
Von Baum zu Baum,
Und an ihm rankt
Ein Wunderwesen sich im Raum.

Dem hielt der Faden glitzernd
Kaum wohl stand,
Er barst entzwei...
Der Frühling fiel ins Land.

Novemberwind

Novemberwind
Peitscht ins Gesicht
Und auch das Licht
Der Gaslatern' erlischt.

Und Nebelgrau
Mit Nacht vermischt
Hat längst verwischt
Gestalt und Bild zugleich.

Verworren tönt es,
Schmeichelnd-weich
Aus and'rem Reich
Lockt dich Sirenenschrei.

Nun schrillt es, hui,
Das All entzwei,
Und stöhnt dabei,
Als wär 's das jüngst' Gericht...

Am Straßeneck
In fahlem Licht
Ein blass' Gesicht
Das was von Liebe spricht...

Die Taumelnacht
Bringt Spuck ans Licht.
Und ins Gesicht
Peitscht der Novemberwind...

Es fiel ein Stern

Aus der Bläue in die Nacht
Fiel ein Stern herab.
Strahlend glitt er, lautlos, sacht,
In sein kühles Grab.

Und das Mondkalb hat gelacht,
Als ich traurig sang:
Meine Liebe, kaum erwacht,
Mit dem Stern versank...

Eine gleißend fremde Welt
Starb im Einerlei.
Schnurstracks aus dem Himmelszelt
Fiel sie nebenbei.

Und wenn ganze Welten sterben,
Tut es nicht so weh,
Wenn man, heißen Liebeswerbens
Müde, sagt: "Adieu".

Aus dem Aug' fällt in die Nacht
Eine Trän' herab.
Glitzernd, salzig, fließt sie sacht
In ein kühles Grab.

Paul Brenner, Boote am kleinen See, Ö auf Leinwand, 2010.

Park im Sommer

Wenn ein Fetzen Bläue in die Welt hängt
Himmel nennt man's dann –
Und Sonne scheint...

Wenn der Duft der Rosen dir die Brust sprengt,
Fliegen summen dann und wann,
Ein Kindlein greint...

Sitzen alte Frauen auf den Bänken,
In dem schachbrett-grün-weiß-grünem Square,
Lassen sich von Abendsonne schenken
Letzte goldgestrich'ne Sommermär.

Auch ich sitze, älter dann um Jahre,
In der Mitte jener Fleisch-Fayence;
In dem weißen Silbergrau der Haare
Spielen schalkhaft Strahlen Patience.

Ferne Klänge brechen sich im Kreise
Exklusiv gesperrter Duselei,
Jeder flüchtet sich auf seine Weise
In alt-neue Zukunftsträumerei.

Wenn ein Fetzen Bläue in die Welt hängt
Den man Himmel nennt...
Und Sonne scheint...

Hast du schon mal?

Hast du schon jemals den Blick zweier Augen empfunden,
Wenn auf sie sich taten, dich in sich zu saugen ganz tief
Und gesehen wie schwer sie zu sich dann wieder gefunden
Und scheu gelugt aus Winkeln haben, schief?
Das war das Glück...

Hast du schon je gehört ein Zauber-Lachen
Aus weichem roten Mund, wie Silberklang?
Hast du gemerkt das schüchtern-scheu Erwachen
Als wenn der Liebesharfe eine Saite sprang?
Das war das Glück...

Hast du die schmerzlich-süße Lust
Von hingegeb'nem Frauenleib empfunden?
Du hast's – und hast zu dir zurückgefunden
Zurück ins Einerlei – und nicht gewußt,
Daß dies das Glück war...

Am Brückensteg

Am Brückensteg sprach mich 'ne Hure an
Mit bleicher Fratze und geschminkten Lippen.
Sie ging mit leichtem Schritt den Weg voran
Und durch das Kleid, da spürt' ich ihre Rippen.

Wir waren da, 'ne dunkle Kellertür
Ging auf: Parfum und Moderduft war drinnen.
Ein Schritt hinein. Warum, wozu, wofür?
"Nur das jetzt nicht, mein Schatz, nur kein Besinnen!"

Und dann kam Alles, wie es kommen muß,
Wenn man bezahlt hat für die schnelle Stunde...
Und wenn du fesch bist, kriegst du noch 'nen Kuß
Von ihrem hungrig rot-geschminktem Munde.

"Ade, komm wieder!" ... und du wankst hinaus;
Der kalte Wind vom Fluß her macht dich nüchtern.
Du bist jetzt satt und gehst nun ruhig nach Haus'
Und freust dich: "Mann, du warst ja gar nicht schüchtern!"

Doch stark und immer stärker schreit dein Herz
Die einzig ewig – unerfüllte Bitte:
Gebt mir doch Liebe, gebt mir Liebesschmerz.
Im Nebel hallen düster Hurenschritte...

Vision

Im Quader-Steingemäuer spitzer Gotik
Schleicht einsam meine Seele hin und um,
Und an des steilen Domes Turm – Exotik
Rankt sich empor, mein ewiges "Warum".

Im tanzendem, flimmerndem, brüsken
    Zick-Zack-Spiel der Spitzen
Sehe ich nur das Eine, das ewig Gesuchte, das "Wie".
Aus Steinen und Fugen und Balken
    Und winzigen Ritzen
Da flüstert's und schreit es und
    Höhnisch posaunt es mir: "Nie."

Durch Moosgemäuer klettert nun mein Wille
    Hinan in brünstiger Erob'rer Lust.
Aus wildem Kampf, gepaart mit Grauens Stille
Klang ehernes Gesetz: "Du hast's gemußt."

Doch schrecklich und herrlich zugleich
    Hat es nach mir gegriffen
Mit Armen voll schmerzlicher Süße, unbänd'ger Lust.
Und es zog mich an sich und es riß mich von Stufe zu Stufe
Hinab. Und ich hab es gefühlt und dann nichts mehr gewußt.

Und blutig-müde griff's am Grat des Turmes
    Aus mit der nah-fernen Spitze zu.
Der schwache Wille eines Erdenwurmes
    Siegt er? Schon winkt das Kreuz mit seiner Ruh!

Doch kaum war ich oben, wo Kühle löscht sündiges Feuer
Und blickte so göttergleich, erdfern hinab auf die Welt,
Da sah ich dort unten in Lüsten ein Weib sich mir bäumen,
Sah Arme und Beine sich spreizen – und war schon zerschellt.

Und tausendfach gespiegelt war mit Schrecken
    Das Schaubild jener grauenvollen Nacht.
Und Morgen – Abend – Leben – tat's erwecken
    In einem Kreislauf, dem ich nie erwacht.

Herbst

Heut war ich wieder in dem alten Garten
Wo wir uns einstens, Liebling, heiß geküßt.
Der grüne See, er rauscht, wie immer "Warten",
Und Baum und Strauch haben lächelnd mich gegrüßt.

Und doch war alles anders, wie sonst immer
In dem verwunsch'nen Park mit seinem See.
Ein Glanz von Tränen lag im Sommerschimmer,
In mir war tiefes, banges Weh.

Mir war so schwer ums Herz noch nie gewesen,
Als ich so langsam durch die Blätter ging.
In ihrem blassen Gelb hab ich's gelesen
Wie weit wir zwei nun voneinander sind.

Die schönen, dunklen Rosen sind gestorben,
Verwelkt die ganze Farbenpracht umher
Verklungen sind die Lieder, die geworben
Um Deine Gunst. Die Harfe tönt nicht mehr.

Und gelb und schal ist alles rings um mich:
Und durch den Park geht stumm ein großes Sterben.
Einst schien die Sonne – da besaß ich dich!
Nun sinkt sie. Unser Glück ging mit in Scherben.

Du eitel Menschenherz bringst bill'gen Trost:
Es folge jedem Tod erneut Erwachen.
Du irrst – Wenn ausgeschwemmt der Jugendmost
Siehst du nur Blätter fallen, hörst nur Lachen.

So sitz ich also auf der alten Bank,
Wo, lang ist's her, wir uns gefunden haben.
Ich lächle müd', bin noch nicht alt, doch krank
Und füttre täglich viele schwarze Raben.

Gewidmet jenem Schemen, das ich mir vortäuschte, jenem Traumbild von Sais, das ich leidenschaftlich liebte und das, als es sich entschleierte, zum Basilisk wurde.

Weißt du noch?

Weißt du noch, wie wir die Rosen pflückten,
Mondschein war's in jener Sommernacht:
Wie sie traurig mit den Köpfchen nickten,
Traurig starben... und du hast gelacht.

Weißt du noch, wie ich dich damals fragte,
Ob du mir ein wenig gut sein kannst?
Eine waldesferne Eule klagte,
Und du bist davon getanzt.

In dem Silber-Mondscheintanz der Elfen
Knickte, unter Rosen, auch mein Herz.
"Ferne Eule, kannst du mir denn helfen,
Kennst du meinen unsagbaren Schmerz?"

Du hast lachend dort mein Herz zertreten,
Schönes, gutes Kind. Und nichts gewußt.
"Komm", hast du gesagt, "wir dürfen nicht verspäten".
Haben wir denn wirklich heim gemußt?
Weißt du noch???

Am See

Es war einmal ein blauer See,
Der lag in der Grüne der Bäume,
Aus seinen Wellen stieg das Weh
Empor und das Leid meiner Träume.

Ich hatte schon lang von ihm geträumt,
Vom See, der so heimlich gerauscht,
Ich hab nicht gehört, wie stark er geschäumt,
Als ich meinem Herzen gelauscht...

Das hat so zärtlich schön erzählt,
Wie sehr und wie heiß ich dich liebe,
Und sang mir wohl, wie ich dich erwählt,
In wildem, unbändigem Triebe.

Und ich schwamm hinaus in den See, so blau,
So blau-grün wie deine Augen..
Wird er mich nicht, du liebe Frau,
Ganz tief in sich noch saugen?

Da neigten die Bäume so gern ihr Haupt
Und leise hört' ich sie sagen:
Die Treulose hat ihm sein Herz geraubt
Und läßt ihn lieblos verzagen.

Sie klagten und weinten in den See
Viele heiße und bittere Tränen.
Er schwoll zu einem Meer von Weh,
Zu einem Meer voll Sehnen.

Auch schlug so laut mein krankes Herz,
Ich hörte das Rauschen wohl nimmer,
Und in dem See versank mein Schmerz
Mit mir für ewig und immer.

Paul Brenner, Am See, Öl auf Leinwand, 2010.

Aquarell

Ungebor'ne Küsse schweben
Zeitlos in des Himmels Bläue.
Nie erwachten sie zum Leben,
Und sie brachen nie die Treue.

Viele hab ich schon verbrochen
Solcher, nie geküßter Küsse;
Und du hast es mir versprochen,
Daß ich darob bitter büße!

Hast du nie die Weihestunde
So empfunden, wenn uns beiden
Liebe drängt den Mund zum Munde,
Doch die Sehnsucht läßt uns meiden?

Wenn durch Pulse stürmt das Toben
Leidenschaftlich süßer Schmerzen,
Himmelweit und erdverwoben,
Bricht Verlangen uns die Herzen?

Doch gebannt vom Zauber scheuer,
Schüchtern reiner Kinderliebe,
Hemmen wir, nicht ganz geheuer,
Blicke senkend, uns're Triebe.

Und aus unseren Seelen steigen,
Glitzernd auf der Himmelsleiter
Küsse in den Wunderreigen
Lichter Höhen weit und weiter.

Deine ungebor'nen Küsse
Schweben in des Himmels Bläue
Zeitlos, lebens-bare Grüße
Brachen sie mir nie die Treue.

Erschienen 1934 im "Czernowitzer Morgenblatt"

Blütensterben

In der Vase sterben weiße Blüten
Blassen Tod von unerfülltem Sein;
Und in Golgatha gequälten Schmerzes
Macht ihr Odem Raum und Menschen rein.

Grüner Farn bestäubt die weiße Platte.
Auch die Vase eitel Blumen trägt,
Jede Blume, Knospe, Blatt und Blüte
Fühlt, daß ihre letzte Stunde schlägt.

Auch in mir stirbt Wunsch und Lust und Leben,
Und es bleibt ein hohles, stumpfes "Ich"
Wie die Vase, bar der Lebensblüten,
Dann verstaubt, vergehe wohl auch ich...

Sie

Sie kam zu mir,
Es war die leise Stunde,
Wo Hand zu Hand
Und Mund zu Munde
Findet.

Sie blieb bei mir,
Und infernalisch, wild
Und doch bezwungen
Drang es aus uns
In Raserei hinan.

Halb Mensch, halb Tier.
Kam es aus uns gerungen,
Das, was wir suchten:
Nirwana...

Sie ging von mir,
Es blieb der leichte Duft
Vergang'ner Seligkeit.
Und auch der Wunsch,
Nein Trieb,
Wenn sie je wiederkäme

Das, was nun war,
Nun währe
Ewigkeit.

Echo

Heut ging ein zarter Glockenton
Einher durch Felder und Wiesen,
Und an dem dunklen Waldesrand,
Da brach er sich an den Riesen.

Und kehrte um und traf, sieh da,
Auf halbem Wege dem zweiten,
Den Glockenton der nach ihm kam
Einher durch die Auen schreiten.

Und, "Bruder, ei Bruder, wie kommt Ihr daher?"
Im Zweiklang hört man es klingen,
Durch Felder und Wiesen und Auen und Wald
Ein herrliches, einziges Singen.

So tönt ein zarter Glockenton
Seit gestern in meinem Herzen,
Er kam von dir und wartet seither
Auf den zweiten mit Sehnsuchtsschmerzen...

An Eine ...

Es geht ein leises Rauschen durch die Bäume,
Und märchengleich erfüllen sich die Träume,
Die meine Jugend und mein Herz geträumt.

Wie schön du bist, mein Kind! Wie deine Augen
Den Zauber dieser Mondnacht in sich saugen,
Noch nie hat Leidenschaft in mir so aufgeschäumt!

Du kleines Kind, hörst du die Blätter fallen?
Die Silberwolken um den Mond sich ballen,
Du siehst's – und siehst es nicht – du bist ein Kind!

In deiner Augen dunklem See sich spiegelt
Mein heißes Sehnen, das mein Los besiegelt.
Um deine braunen Locken streicht der Wind.

Wir sprachen leise, doch wir ahnten laut,
Daß diese Glut, die in uns aufgestaut,
Zersprengen müsse alle Zweifelangst im Kuß.

Und, leise, bang, fand dann dein Mund den meinen,
Du sankst dahin und still sah ich dich weinen,
Vor Glück und Leid des süßen Liebesmuß...

Dann haben lange wir von nichts gesprochen,
Uns war, als hätte jedes Wort gebrochen,
Den Zauber, der uns innig nah verband.

Und wie wir so umschlungen, einig saßen,
Und als es schien, das alles wir vergessen –
War mir's, als hätten wir uns schon gekannt.

Du warst die Knospe, fern der reifen Blüte,
Und ich ein Wand'rer, der um dich sich mühte,
Den Dornen blutig neckten:
Knospen pflückt man nicht!?

Doch schrie nach dir mein Herz in heißem Triebe,
Und wilde Tat verzeiht die milde Liebe,
Verstehend, gütig schweigt das Weltgericht.

Vergib', wenn drum mein Leib in blinder Wut
Dich nahm und meine schrankenlose Glut,
Wie Sturmflut, deine Reinheit hat hinweggespült.

Du schläfst nun, sorglos fest auf meinen Knien;
Behutsam nehm' ich in die Arme dich.
Wir zieh'n nun talwärts.
Die Nacht hat unser Blut gekühlt.

Wie leicht du bist, wie stark ich mich doch glaube
Mit meiner süßen Last ... Wie ein vom Raube
Heimkehrender Barbar. Noch bist du nicht erwacht.

Und dann daheim legt ich dich leis' zu Bett.
Mir war's als macht' ich meine Sünde wett.
Du schlugst die Augen auf und... hast gelacht.

Deutschland – Ein Sommermärchen

Leise plätschert das Wasser,
Der Rhein ist vor mir,
Träge die Last seiner Wellen
Und Frachten nach Norden tragend.

Ein Frachter gleitet vorbei und
Schiffer auf ihm. "Ahoi!"
Leise plätschert das Wasser
Vom Rhein, gurgelnd fließet er dahin.

Gestalten werden in mir wach
Aus vergang'nen Kindertagen:
Die Nibelungen mit Siegfried
Und Etzel, Krimhild und dem bösen
Hagen von Tronje.

Schönes Traumland mit dem verträumten
Städtchen mit Kirchturm und Giebeln,
Jenseits des Rheins, im Schwarzwald,
In Deutschland.

Menschen traf ich dort,
Wie du und ich und wie andere,
Höflich und nett, mit einem Lächeln
Ermunternd zum Händedruck.

Nein, noch kann ich es nicht,
Denn in mir ist die Erinnerung wach,
Viel zu wach nach Gas und Schloten
Und Menschenleibern und Kindern...

Kinderaugen in Qual verglast und
In heillosem Schrecken
Schreien in mir noch immer
"Warum?" und "Wofür"?

Wenn ich auch weiß, daß
Den Blondschopf dort drüben
Keinerlei Schuld trifft, etwas
In mir verschnürt mir die Kehle
Und hemmt meine Grußhand.

Ich kann nichts dafür,
Kann noch nicht vergessen.
Hinter dem Traumland fürchte ich
Lauert der Drache aus meinen Kindermärchen:
Ruchloser Hagen von Tronje
Verstellt mir den Blick.

Gib mir, oh Gott, ich flehe dich an,
ein wenig Vergessen,
Daß ich die Landschaft erschaue
Und mich ergötze an alten Giebelhäusern
Und am ewigen Plätschern des Rheins.

Paul Brenner, Boot am See, Öl auf Leinwand, 2010.

Kleine Ballade

Liebe verging, wie Sternschnuppen im Dunkel der Nacht
Und nicht wieder erwacht, es war einmal...
Als die Lerche sang, da liebten sie sich,
Ganz heiß, innig und fürchterlich.
Wie war die Nacht so schwül,
Wie war ihr Leib so kühl,
Immer nur küssen,
Nur an nichts denken müssen.
War es Liebe, war es Lust?
Sie haben es nicht gewußt,
Denn sie liebten sich,
Kinder der Zeit, Kinderzeit...

Als die Störche nach Italien flogen, war es aus.
Ohne Sang, ohne Klang, war der Hang, war der Drang
Zum Gemeinsamen längst schon vorbei.
Waren die Lieder gestorben, die so innig geworben
Um Liebe und Gunst und Gehör.
Und ist nicht wiedererwacht, es war einmal...

Als die Störche nach Italien flogen, war es aus.
Ohne Sang, ohne Klang, war der Hang, war der Drang
Zum Gemeinsamen längst schon vorbei.
War die Lerche schon tot, die gesungen,
Als Sommertags, freudig und sonnenrot,
Die Mär kam geklungen: "Zwei lieben sich."
Liebten sie sich??

Als die Schwalbe davonflog erkannten sie,
Wie fremd sie sich waren,
Sah ER ein, wie einsam ER war,
Daß jetzt einer den andern nur anlog,
Wenn er sagte:
"Ich liebe sich!"

Ist es Schuld, daß sie das noch verstand, als die Lerche sang???
Daß die Huld, mit der sie band, eitel Lüge war, hohler Klang??
Gott, wie nichtig, wie unwichtig das doch ist,
Wer spricht noch heut davon?
Guter Ton ist heute Hans, morgen Franz, übermorgen?
Na, warst dabei???

Kinderzeit, Kinder der Zeit

Als die Störche nach Italien flogen, war es aus.
Einstens war für sie alles Nichts gewesen...
Nur sie zwei, ER und SIE, waren Welt gewesen...
Längst vorbei, einerlei, war das süße Märchen,
War es wirklich süß?

Riesengroß, ein Koloß, starrt die Welt entgegen,
Und daneben ist ihr Leben, so banal!
Und sie beide, sind so nichtig, so unwichtig, für das All!
Nicht mehr gemeinsam,
Allein und einsam, wartet jeder für sich...
Bis spärliches Glück Erfüllung winkt,
Bis die Lerche wieder singt
Ein Märchen von ewiger Liebe,
Es war einmal...

Der Traum

Es geht eine traurige Weise, durch Welten und Zeiten und Raum,
Sie lispelt und säuselt so leise, erzählt Euch wohl meinen Traum.

Mir träumte, ich ging durch die Auen, durch's sonnige Kornblumenfeld,
Gar wunderbar, herrlich zu schauen, war rings um mich her die Welt.

Von ferne klang Glockengeläute, bim-bam und bim-bam sang der Ton.
"Dort feiert die schönste der Bräute nun Hochzeit mit dir", sang's mit Hohn.

Die Sonne beschien diese Feier und minniglich Vogelgesang,
Ersetzte uns Harfe und Leier, was machte mein Herz denn so bang?

Ich sah mich von Ferne an der Seite der blühend erötenden Maid,
Doch blickte ich traurig ins Weite, auch trug ich ein härenes Kleid.

Dann sah ich mich wandern und eilen, einher durch die Kornblumenau,
Ich tat dort wohl Jahre verweilen, am Raine erblickt ich mich grau...

Von ferne klang Glockengeläute, bim-bam und bim-bam sang der Ton,
Und hinter mir gingen viel' Leute, mich trug man, und
"Tod" sang's mit Hohn.

So geht die traurige Weise vom wunderlich-seltsamen Traum,
Sie lispelt und säuselt ganz leise durch Welten und Zeiten und Raum.

An L.

Das fieb'rig Schlagen meiner Pulse stockt –
Der Raum um mich, die Zeit in mir, wird schwer.

Und alles klingt, verklingend in die Weite
Des Nichts, das unser täglich Sein umspannt.
Zurück bleibt nur mein Sehnen und die weiche,
So fein geädert, zarte Frauenhand.

Wenn manchmal deine Hand - wie schön das ist!
Die blonden Locken zart berührend streichelt,
Dann schau ich dir ins schwarze Sternenpaar,
Das mich mit seinem Glanze sanft umschmeichelt.

Du bist dann nicht mehr du für mich, du selbst
Zu erdfern ist uns jene selt'ne Stunde;
Mein Sehnen, wie gezupfter Geigenton
Bricht schmerzlich-lustvoll
Sich an deinem Munde...

In hehrer Sphärenharmonie der Lust
Ätherisch bindet unser Sein das Nicht-Sein
Vibrierend tanzen Seelen Gott-Musik.
Die Augen schließt der überird'sche Lichtschein.

Und fährt dann knisternd deine Hand durch's Haar,
Erwach ich schreckgepeinigt aus dem Traume,
Wir sitzen eng umschlungen auf der Couch
Und küssen uns in einem fremden Raume...

Jahreszeiten

Düfte Gan-Edens,
Blumen, welch' Pracht,
Kinder die lachen,
Frühling in Israel.

Bleierner Himmel,
Glühende Steine,
Brühwarmer Atem,
Sommer in Israel.

Heulende Winde,
Peitschende Wogen,
Feiern und Fasten,
Herbst in Israel.

Grünsatte Felder,
Wachsende Häuser,
Sprießende Wälder,
Regen, welch' Wunder,
Winter in Israel.

Reicht uns die Hände,
Alle sind Brüder,
Lasset uns bauen
In ewigem Frieden
Israel...

(1985)

Haifa

Endloses Meer,
Ewig die Farbe wechselnd,
Verheißungsvoll blau,
Verräterisch grün,
Besäumt von der kräuselnden Gischt.
Am Kamm seiner Wellen
Schlägt es
– Ohne Anfang, ohne Ende –
Den Schicksalstakt deiner Tage
An Land,
Du, Stadt meines Alters!
Stolz steigst du auf
Von wellenumspülten Sand
Und den rosigen Muscheln,
Von Kränen und Schiffen
Und Hafengeschäftigkeit –
Hinauf, immer höher
Und höher...
Und dein Haupt ist der Karmel,
Weingarten Gottes und
Pracht meines Landes.

In Stufen klimmst du hinauf
Als wäre es zu ermessen, in einem Satz
Den unbeschreiblich blauen Himmel
Israels zu küssen:
Und läßt auf halbem Wege
Die goldene Kuppel der Bahais[17] blinken.
Fremde und doch nahe Schicksalsgenossen,
Weit über's endlose Meer...

Du, meine schöne Stadt,
Haifa.

(1995)

---

[17] Bahai-Tempel am Karmel-Berg

Gottfried Brenner, Haifa, Aquarell, 1987.

An eine Freundin in Davos

Wie Hauch aus einer fernen, besser'n Welt
Spricht mich die Blässe deines Antlitz's an
Und aus dem Rahmen leerer Nacht hinan
Hat sich dein Bild oft mir entgegen gestellt.

Die weiße Maske deiner Sterblichkeit
Enthüllte mir im Linienschwung der Züge.
Und doch der Glanz der Augen eitel Lüge,
Chimäre sei die warme Weiblichkeit...

Du bist kein Weib! Du bist ein rosa Schein
Von Patina auf blass-blau-bleichem Grunde.
Wie zeitlos schön klingt doch aus deinem Munde
Bekenntnis einer unerhörten Pein!

Wie wesenlos und fremd ist dir das Leben,
 Du lebst in dir, bist über uns hinaus,
 Und doch macht dir das Leben den Garaus,
 Und tiefste Tragik ist dein Sich-Ergeben.
Du bist nicht arm! Oh nein, viel mehr als reich,
Lachst du des Mitleids, das man leichthin spendet,
Wenn sich zu mir dein Antlitz mondbleich wendet,
Dann weicht die Statuenstarre und es werden weich
 Die marmorscharfen Züge herber Qual.

Der Glanz der Augen spricht beredte Sprachen
Und unwahrscheinlich fremd klingt mir dein Lachen
 Im kleinen Zimmer hohl, als wär's ein Saal.
 Dann wirst zum Weibe, du, wie du geboren;
Dein Auge lacht, frohlockt: Triumph der Herzen!
 Vergessen ist das Leid und alle Schmerzen
 Sind hin vor mir, den – dank dir – du erkoren.
 So schwankst du Hamlet-artig zwischen Sein
 Und Nichtsein jeden Tag, nein, jede Stunde
 In deinem kleinen Zimmer wird die Kunde
 "Der Mensch ist hilflos" wohl erst schlackenrein...
 Und in der mystisch-düst'ren Atmosphäre
 In die mein Selbst in deiner Näh' versinkt
 Aus e i n e r Quell' dann unser Sein entspringt.
 Ich werde du, mein Ding an sich – Chimäre!

Paul Brenner, In der Schweiz, Acryl auf Leinwand, 2009.

Neu-Einwanderer

Wir kommen aus der Ferne,
Der Diaspora,
Nach ungeduldig, langem Warten,
Her nach Zion.

Die Körper waren dort,
In der Diaspora;
Die Seele war seit je
Schon hier in Zion.

Alljährlich riefen wir
In tiefen Glauben:
"Im nächsten Jahr
Dort in Jerusalem!"

Nun sind wir hier
Und wollen fühlen,
Dies Land ist unser –
Auch wenn das Milch-und-Honigfließen
Längst vorüber ist...

Um uns sind Brüder, sagt man.
Schwestern sind um uns –
Doch fühlen wir's nicht immer,
Hier in Zion...

Sollte die Diaspora in uns
So stark noch sein,
Daß uns're Ohren taub
Und blind die Augen??

Ist jedes barsche Wort,
Das man so hört,
Und jede kalte Geste,
Nur Einbildung
Der lang in uns gewachsenen
Empfindlichkeit?

Es fehlt uns an Geduld
Nach langer Wartezeit,
Auch fehlt die Sprache uns
Im neuen Raum.

Wir müssen langsam wachsen
In das Land
Das schwerumkämpfte
Heilige Vaterland.

Es ist nicht leicht.
Doch kann's nicht anders sein,
Ergründen, lernen und versteh'n,
Oft auch verzeihen,
Sei die Parole!

Und langsam, unbemerkt beinah
Wird dann das Wunder wahr:
Die Augen fangen an zu sehen,
Die Ohren hören, und was uns früher
Fremd erschien, ist nichts als neu.

Wir fangen an zu sprechen,
Man versteht uns und auch wir versteh'n;
Verstohlen schimmert hie und da
Ein warmes Lächeln durch...

Die Sprache, uns're Sprache
Schafft dann mit
Am großen Wunder
Gegenseitiger Verständigung.

Und stark und immer stärker
Klingt an unser Ohr,
Die Melodie der Heimat,
Ewige Friedensmelodie:
Schalom, Schalom!

Um uns sind wirklich Brüder,
Und Schwestern sind um uns,
Wir sind daheim,
Sie teilen unsere Freude...

Ein Märchen

An einem Morgen um 7 Uhr 30. Ich benütze den Aufzug, um zum Ausgang zu gelangen. Er ist auffallend sauber. Kein weggeworfenes Papier, kein umgestürzter Aschenbecher, sogar der Spiegel blankgeputzt. Im Toreingang keine vom Wind verwehten Blätter oder Papierschnipsel, die Fliesen gewischt... Sollte die Putzfrau schon so fleißig gewesen sein?
Ich trage einen Nylonsack mit Küchenabfällen zum nächsten Container, schon graut mir davor, daß er übervoll sein wird und die später dazu gekommenen ihre Tüten rings um die Mülltonne entleert haben dürften. Was tut man dann? Und dazu das jämmerliche Gekreische hungriger, aufgestöberter Katzen – aber nein, siehe da, der Container ist noch fast leer, keine Spur von Abfällen, ringsum keine Katzen. Oh doch, ein kleines, weißes Kätzchen trinkt Milch aus einem Täßchen, von hilfreicher Hand hingestellt. Wo bin ich denn? Die Straße ist blitzblank sauber, gekehrt, gespritzt, gewaschen, nicht ein Stückchen Papier, keine Zigarettenstummel, ganz wie in Zürich. Waren die Straßenkehrer heute schon so fleißig und die Mistabfuhr kam eher als nach einer Woche? Ich komme aus dem Wundern nicht heraus...
Es ist 7 Uhr 45. Ich gehe die paar Schritte zur Busstation, dessen gewiß, daß ich da den ersten Bus erst um 8 Uhr 15 erreichen werde. Aber kaum biege ich um die Ecke, da braust er davon. Ich vergleiche den Fahrplan der Autobusse mit der Zeitangabe. Das stimmt doch nicht - wieso kommt da ein Bus verfrüht vorbei? Wohl das Fahrplan geändert, jetzt werde ich mehr als eine halbe Stunde warten müssen. Die Ruhebank in der Busstation ist besetzt, aber da springt ein junges Mädchen auf und bietet mir freundlich den Platz an. Ich "wehre mich", halb geschmeichelt, halb entrüstet darüber, daß ich doch schon so alt aussehe: dazu noch ein Mädchen... Aber unsere geflügelte Diskussion hat kaum begonnen, als schon der nächste Bus anfährt. Es sind kaum 5 Minuten vergangen. Nicht zu glauben. Ich reibe mir die Augen. Im Bus ein freundlich blickender Chauffeur, der aus dem "todá – bewakaschá" ("danke - bitte") gar nicht herauskommt, sanft anfährt, sanft bremst und sichtlich gut gelaunt ist. Das ist ansteckend, alle Leute im Bus sind auch gut gelaunt, alle lächeln, manche sprechen miteinander. Aber warum so gedämpft? Mir fehlte direkt das laute Geschnatter der frühmorgens zum Markt fahrenden Hausfrauen, das Durcheinander aller möglichen Kauderwelschen und Sprachen, das Hinüberschreien über drei Bankreihen zwischen zwei alten Bekannten, die sich noch rasch im Bus die letzten Neuigkeiten über Mosche oder Salkale zurufen müssen. Der Bus ist kaum voll, kein Gedränge, keine Einkaufstaschen, die dir – stehst du – die Hühneraugen drücken, sitzt du – Rippenstöße versetzen oder dir die Kappe vom Kopf beinahe herunterschleudern. Alle Kinder sitzen artig und schreien nicht. Ja, hast du das gesehen, ein 10-jähriger Junge springt vor einer älteren Dame auf, die gerade eingestiegen war, und bietet ihr seinen Platz an. Welche

Revolution hat das vollbracht? Die Straßen sind alle blitzsauber, keine Abfallhaufen, auch nicht in den Höfen (soweit man hineinsehen kann). Vornehme Ruhe herrscht in der Stadt, die sich bildenden Autoreihen schieben sich geduldig vorwärts, ohne daß nervöse Fahrer wie verrückt zu hupen beginnen. Haben heute alle Leute Valium geschluckt? Sogar die halbverblaßten Firmenschilder der Läden sind frisch gestrichen, die alten Häuserruinen, die wie verwesende Leichname in der Unterstadt das Stadtbild der schönsten Stadt des Landes vollkommen verschandeln, sind im Begriff, schleunigst abgebaut zu werden und sind zur Straße durch hohe Plakataufbauten abgeschirmt. Nicht zu glauben...

Ich steige, ohne mich drängen zu müssen, bequem aus dem Bus aus und eile zur Behörde, wo ich eine Angelegenheit zu erledigen habe. Ich fange innerlich an zu zittern und muß meine Unruhe mit einer Zigarette beruhigen, denn ich weiß, daß mir ein nervtötendes Antichambrieren bevorsteht. Ich sehe sie schon vor mir, die bis zum Überdruß gelangweilten Gesichter der Beamtinnen, die vor ihrem Morgenkaffee sitzen, in ihrem Gespräch gestört über mich hinwegblicken und mich abweisend oder wenigstens verzögert abfertigen. Dann wage ich den Schritt hinein, mir insgeheim Mut zusprechend, aber, siehe da, es ist kein Andrang, ich klopfe an die Tür des Büros, eine freundlich klingende Stimme lädt mich ein, ich trete ein, und vier Beamtinnen schauen mich lächelnd an und fragen, was ich wünsche.

Ich fasse Mut, erkläre den Sachverhalt, die junge Dame unterbricht mich, entschuldigt sich für die fehlerhafte Vorladung, erledigt im Nu mein Ansuchen und wünscht mir alles Gute. Ich taumle, nicht ganz bei Sinnen, aus dieser Irrealität hinaus. Und draußen ist Sonne und Frohsinn überall, und das Herz wächst einem im Leibe, wie schön das Land ist und wie herrlich seine Menschen...

Auf dem Rückweg wage ich es, einen Blick in den Schuk[18] zu werfen, den ich, armer Rentner, gewöhnlich in der Postur eines Museumsbesucher aufsuche, den weniger das Bild des Überflusses, als vielmehr die kleinen Täfelchen mit ständig steigenden Preisen interessieren. Aber, siehe da, es sind die gleichen Preise wie gestern, nein sieh doch, ein Verkäufer wischt den Preis von 50 Schekel für ein kg Pfirsiche weg und schreibt 30 Schekel darauf. Was? Das ist nun aber wirklich des Guten zuviel...

Ich erwache, es ist 6.00 Uhr früh, und ich bin noch im Bett...

Aber, wenn ihr wollt, ist es kein Märchen!

Ich habe ausnahmsweise gut geschlafen. Der Nachbar, der in der zweiten Arbeitsschicht arbeitet und nachts um 12.00 Uhr sein Radio überlaut einstellt, wobei er die Fenster weit offen hält, um uns alle um jene Stunde an den neue-

---

[18] Basar

sten Nachrichten mit folgender Jazzmusik aus rein altruistischen Antrieb natürlich erfreuen zu lassen, hat diesmal geschwiegen. Und ebenso scheint das Motorrad eines anderen Nachbarn kaputt zu sein, dessen Motor sonst täglich um dreiviertel sechs früh aufheult, so daß man mit dem Gefühl erwacht, man sei zwischen die Mauern Jerichos geraten, die gerade vom Posaunenschall Joschuas erschüttert werden. Aber nein, vielleicht hat sich die allgemeine Rücksichtslosigkeit in das elementare Miteinander einer Wohngemeinschaft verwandelt?

Es ist ein herrlicher Tag, und ich bin frohen Mutes...

Wunsch

Wenn Bäume fallen
Und der Wald sich lichtet,
Dann fühl' ich,
Wie die Wurzeln leicht erschlaffen,
Die mich mit dieser Erde
Fest verbunden hielten.

Ein Sturmwind noch,
Ein heftiger Windstoß noch,
Und auch die letzte Wurzel riß...
Der Baum fällt in die Tiefe
... Zu den andern...

In mir schlummert der Tod
Seit der Geburt, bis er erwacht...
Ich fürcht' ihn nicht, nur
Sollt er mir den Übergang
Zum Nichts
Ganz rasch und schmerzlos
Applizieren,
Danke...

Gottfried Brenner, Die Judengasse in Czernowitz, Tuschezeichnung, 1934.

Eine Stunde mit Max Brod

Die bescheidene Arbeitsstube im "Prager Tagblatt", in der mich der Dichter empfängt, trägt den Stempel der Geistigkeit.

Auf einem Bücherpult ein großes Musikerlexikon, ein tschechisches Buch über Antonín Dvořák, Symbole für Brods starke Neigung zur Musik, die ihren Niederschlag in vielen Operntexten und Essays gefunden hat: etwas weiter das große Buch Rychnovskys "Masaryk und das Judentum", eine französisch geschriebene Geschichte der tschechischen Literatur, die kundgeben von der engen Anteilnahme und Verbindung Max Brods am geistigen tschechischen Leben. Zwei moderne Graphiken an der Wand, ein von Briefen fast bis zum Brechen überladener Schreibtisch, Zeuge unermüdlicher Arbeitskraft, vervollständigen das Bild. Mir gegenüber sitzt der Exponent des deutschsprachigen Lebens dieser Republik, sitzt einer jener wenigen aufrechten Männer, die stolz und offen ihrer Überzeugung, ihrer Linie, durch alle Wechsel der Zeit, treu geblieben sind.

Ich bringe ihm die Grüsse seiner Lesegemeinde aus Czernowitz und mit einem Lächeln, das die ganze aufrichtige Freude des Schaffenden ausdrückt, der dem gepflanzten Baum Früchte tragen sieht, beginnt Max Brod von seinen Plänen zu sprechen:

B. "Ich habe als Letztes eine Broschüre geschrieben, die polemischen Charakters ist und die den Kern einer gemeinsam mit meinem Freunde Felix Weltsch entwickelten Theorie enthält. Sie heißt: 'Rassentheorie und Judentum' (1936) und nimmt den Kampf auf gegen die offizielle deutsche Theorie der nordischen Rassenüberlegenheit, die besonders von (Hans F.K.) Günther vertreten wird. Die Broschüre enthält auch – wie gesagt – die Thesen einer neuen Weltanschauung, die wir (Weltsch und ich) den 'National-Humanismus' nennen. Der Nationalismus ist in den letzten Jahren kompromittiert worden durch sein Ausarten in den Chauvinismus, der die Antithese schafft zwischen Nation und Gerechtigkeit. Andererseits jedoch leugnet der Internationalismus jeden nationalen Wert. Es gilt nun den Weg der 'goldenen Mitte' zu gehen: die Nation im Rahmen der Menschheit gestalten, ohne jede Note der Aggressivität. Diese neue Form nationalen Schaffens im allgemeinen Menschheitsrahmen nennen wir Rational-Humanismus. Wenn das verwirklicht werden sollte, so würde es die Lösung aus dem verkrampften, krisenhaften Zustand, in dem wir uns heute befinden, bringen. Es würde vor allem eine Gesundung der deutschen Seele herbeiführen, die einer furchtbaren Krankheit anheimgefallen ist. Ich hatte und habe Gelegenheit, Leute aus Deutschland zu sprechen, die Arier sind und wieder zurückkehren und die vor Wut schäumen über das Chaos, das dort in geistigem Sinne herrscht. Ein großer Teil der Intelligenz in Deutschland, – und das weiß ich mit Bestimmtheit – der durchaus national gestimmt ist, lehnt das heutige Regime ab. Diese Theorie an deren Verbreitung mir sehr gelegen ist, ist eigentlich eine 'Erbschaft Goethes'."

"Nähert sich Ihre Theorie nicht der sozialistischen These einer Kultur mit internationalem Gehalt in nationaler Form?"

B. "Eigentlich ja, aber ohne Betonung der sozialistischen Frage. Was diese anbelangt, so wird es Sie vielleicht interessieren, daß ich in Kürze, am 27. Dezember dieses Jahres, eine dreiwöchige Gesellschaftsreise nach der Sowjet-Union mitmache. Ich mute mir natürlich nicht zu, in dieser kurzen Zeit und als 'offizieller Besucher' viel Wissenswertes zu erfahren, aber ich glaube doch, daß es mir möglich sein wird, mir ein Urteil zu bilden."

"Halten Sie, Herr Doktor, die Freiheit des Gedankens und der Rede, die geistige Freiheit als unerläßliche conditio sine qua non für ein dichterisches Schaffen?"

B. "Darauf kann ich nur mit einem unbedingtem JA antworten."

"Und wie erklären Sie sich dann das Entstehen, ja sogar Prosperieren einer verheißungsvollen Literatur in diktatorisch regierten Ländern?"

B. "Hitlerdeutschland und auch der Faschismus haben, meines Wissens, keine Literatur, die es wirklich wäre, hervorgebracht. Aber auch in der UdSSR ist man von der Tendenzschriftstellerei abgekommen, wie es ja der letzte Kongreß in Moskau bewiesen hat. Der deutsche kommunistische Dichter Johannes Becher schreibt neuerdings sogar Sonette. Man kommt zu alterprobten Formen wieder zurück, man kann nicht alles Traditionelles über den Haufen werfen und nur, geknebelt und gebunden, einseitig und eintönig schreiben. Der Geist ringt sich eben durch: Spiritus flat ubi vult (Der Geist weht wo er will)."

"Halten Sie den Schlag, den das deutsche Schrifttum durch Hitler erhielt für überwunden, und glauben Sie an einen neuen Aufbruch in der heute landesverwiesenen Literatur?"

B. "Es gibt doch um Deutschland herum viele neue Verlage, die ganz ausgezeichnete Werke herausbringen, so daß von einer Krise in dieser Richtung nicht mehr gesprochen werden kann. Die emigrierten Autoren müssen an ihrem Niveau festhalten und dürfen ihre Schaffensfreudigkeit nicht verlieren. Die größere Gefahr erblicke ich darin, daß junge Begabungen sich heute nur schwer oder überhaupt nicht durchsetzen können. Ich denke da z.B. an den jungen Lyriker Heinz Politzer, den ich für sehr begabt halte und der sehr schwer um das Durchsetzen seiner Dichtung kämpfen muß, und so auch viele andere, auch arische Autoren."

"Welches sind Ihre neuen Arbeitspläne für die nahe Zukunft?"

B. "Ich arbeite jetzt an der Vollendung eines "Hagada-Oratoriums". Die Pessach-Hagada[19] wird - in hebräischer Sprache natürlich - von mir in die Form eines Oratoriums gebracht, und der bekannte Komponist Paul Dessau, derzeit Paris, wird die Instrumentierung besorgen, auf Grundlage der alten, traditionellen Gesänge. Es ist eine Arbeit, die mir sehr viel Freude macht und die ich jetzt, noch vor meiner Abreise nach Rußland, fertig bringen will. Wir haben schon sehr viele Aufführungsvorschläge von verschiedenen Seiten bekommen, und das Interesse für dieses Werk ist besonders stark. Dann arbeite ich an einem Werk, das mich eigentlich schon Jahre beschäftigt und mich wahrscheinlich noch lange in Anspruch nehmen wird, ein Buch, das Ergebnis sein wird meiner Bindung zu Platon: 'Der vollkommene Staat'. Ich lehne mich darin stark an Platon an, denn ich betrachte die Grundideen des platonischen 'Staates' geradezu als die Rettung, als den Ausweg aus dem Chaos, besonders seinen 'praktischen Idealismus'. Die Richtungen, die praktische soziale Arbeit leisten, berufen sich auf den Materialismus, es dominiert der Atheismus und die Absage an geistige Traditionswerte. Andererseits führt die entgegengesetzte Richtung, wie der Faschismus, der sich den Anschein zu geben sucht, als betone er den Idealismus, zur Despotie. Man muß aufrichtig, vom Idealismus herkommen, praktische soziale Arbeit leisten. Ich habe dafür in meinem Buch 'Stefan Rott' den Begriff der 'Zweigeleisigkeit' gefunden: helfen und verehren. Das erstere bedeutet die praktische, soziale Arbeit, das letztere den Idealismus."

"Denken Sie auch, wie Platon, an eine geistige Aristokratie, die die Führung des Staates innehaben soll?"

B. "Allerdings. Ich halte deswegen unsere Republik, deren Geschicke, von Geistigkeit geleitet werden, für die Annäherung an den Idealfall. Sie werden in meinem ganzen Werk, so besonders in 'Die Frau, die nicht enttäuscht' und im 'Heine-Buch', Anklänge an meine Beschäftigung mit Platon finden und der praktische Idealismus, der 'National-Humanismus', solle die Abkehr vom Extremismus lehren, der nur vernichten kann, ohne aufzubauen."

"Eine Frau aus Ihrem Werk: Birgt der Begriff der Distanzliebe, den Sie in Ihrem Buch 'Die Frau, die nicht enttäuscht' geprägt haben, nicht das Eingeständnis einer gewissen Schwäche des jüdischen Volkes, eines Mangels an kräftiger, vitaler Gegenwehr? Legen Sie ihm dadurch nicht das Attribut eines sich von den Zeitgeschehnissen distanzierenden, trotz allem fliehenden, jahrtausendealten Geistes bei?"

---

[19] Erzählung vom Auszug der Israeliten aus Ägypten.

B. "Nein. Das liegt mir fern. Der Begriff 'Distanzliebe' ist ein dialektischer Begriff, ein in sich widerspruchsvoller, er enthält eigentlich zwei Ideen: Distanz, das bedeutet, sich mit dem Deutschtum nicht zu identifizieren, aufrechter Jude zu bleiben. Denken Sie an den Fehler, der durch das gegenteilige Benehmen jüdischer Politiker z.b. in Deutschland gemacht wurde. Aus Liebe zur deutschen Kultur: Liebe bedeutet immer Aktivität, Beteiligung, aber auch Abwehr. Liebe kann mit negativen Vorzeichen auch zu Haß werden. Es gilt, den naturwissenschaftlichen Begriff der 'Fehlerquellen' auch auf unser spezifisches Problem zu übertragen und die Korrekturen aufzudecken. Man soll Distanzjude werden, nicht künstlicher, sich aufdrängender, unerwünschter Deutscher. Natürlich ist dazu ein tiefes Verwurzelsein im Judentum unerläßlich. Man muß den inneren Halt zum Jude-Sein haben."

"Kann man schon spezifische Richtlinien einer neuen hebräischen Kultur in Palästina feststellen?"

Lächelnd sagt Brod: "Sie stellen die schwersten Fragen an mich. Auch bin ich kein Prophet. Palästina befindet sich in einem fieberhaften Aufbruch: was heute geschaffen wird, kann sich morgen als unzulänglich erweisen. Es ist schwer, ja unmöglich die geistige Entwicklung vorauszusehen. Aber ich glaube an zwei Zentren der Kultur, an zwei ausstrahlende Sonnen: das jüdische Dorf und die hebräische Universität, die ein Eigenleben in Palästina hervorrufen und der Diaspora reflektorisch neue Kraft zu neuem Schaffen geben werden. Wenn auch, wie Sie richtig bemerken, die Vereinheitlichung des Volkskörpers nicht so rasch vor sich gehen kann, wenn auch eine vollständige Hebraisierung nicht so bald erreicht werden dürfte, so werden doch diese neuen Borne jüdischen Geistes das nationale Bewußtsein der Diaspora ungemein stärken und besonders den jüdischen Selbsthaß, der ja auch in der Literatur so oft herumspuckt, zum Verschwinden bringen."

"Hat der äußere Anstoß, den das Hitlerregime gegeben hat, fördernd auf die Rückkehr zum Judentum der assimilierten Kreise der tschechoslowakischen Juden bewirkt?"

B. "Unbedingt, das Gefühl des Zusammengehörens ist lebendig geworden, es sind Leute wieder zu Juden geworden, die es nie geahnt hätten. Hitler bedeutet eine ungeheure Gefahr für das Gesamtjudentum. Wenn das Judentum die Probe besteht, dann geht es zehnfach gestärkt aus ihr hervor, wenn aber nicht, dann bedeutet es unseren Untergang. Es ist ein wahres experimentum crucis, ein Entweder – Oder. Es ist auch der kommende jüdische Weltkongreß, wie übrigens jede gut organisierte Willenskundgebung, ein gesundes Mittel im Abwehrkampf, und die Bewegung, die auf ihre Fahnen unsere Vernichtung geschrieben hat, kann zum Instrument unserer Erneuerung werden."

Das heilige Feuer der Begeisterung für die Idee der Gerechtigkeit und der ewig giltigen Wahrheit erleuchtet das scharfgeschnittene Antlitz des Dichters, während er diese Worte zu Ende spricht. Der leichte Plauderton des Erzählers hat sich in den Mahnruf eines Führers, in das "Memento" eines Geistigen, der zu seinem Volke spricht, verwandelt. Zu Innerst aufgewühlt, danke ich Max Brod für das Erlebnis, das mir zu Teil wurde.

Prag, im Dezember 1934.
Erschienen im *Czernowitzer Morgenblatt*, Dezember 1934

Prager Brief

Aus der geographischen Lage erwächst das historische Schicksal einer Stadt, und man kann die östliche Länge von Greenwich beinahe in Proportionen setzen zur Fülle und Art des geschichtlichen Erlebens einer Stadt. Prag ist in dieser Hinsicht vielleicht mehr als "gottbegnadet", nicht nur das Antlitz, auch der Geist der Stadt atmet Jahrhunderte. Eng verwachsen, nicht wegdenkbar ist diese Stadt aus der Landschaft, aus der sie erwuchs, von den Menschen, der sie erschuf, und der Geist der Auflehnung gegen Gewalt und blinden Terror ist lebendig geblieben seit Jan Hus' Zeiten. Und so schuf historisches Geschehen aus dem Prag von heute jenen Hort innerer und äußerer Freiheit, der wie eine Insel der Glücklichen hervorragt aus dem Meer "lebender" Autokratien...

Aus der Fülle des "geistigen" Kalenders der letzten Woche greife ich nur einige Beispiele heraus, die einen schwachen Abglanz vom pulsierenden, kulturellem Leben dieser ewig jungen, wachsenden Metropole vermitteln sollen.

Vor einigen Tagen sprach hier als Gast der "Liga gegen Antisemitismus" Frau Irene Harand aus Wien über ihre Bewegung. Was an diesem – übrigens meistens von Frauen besuchten – Vortrag besonders ergriff, war das einmalige, seltene Erleben eines Wunders. Hier führt eine Frau, eine junge, sehr sympathische Frau, eine gläubige Katholikin, mit dem ganzen Elan ihrer Jugend, mit der ganzen ihr zu Verfügung stehendem Charme das Wort. Hier vibriert eine Seele in einem heiligen Feuer der Begeisterung für das Gute, das Edle im Menschen, und hier findet ein Mund buchstäblich nicht die Worte der Verachtung, des Vorwurfs, die er den Gegnern, den "Rassen-Wahnsinnigen" an den Kopf schleudern möchte. Wenn Irene Harand von den armen, bettelarmen Juden in Galizien spricht, die sie unlängst besucht hat, wenn eine Frau vom anderen Ufer her, aus einer fremden Welt kommend, eindringt in die verfallenen Hütten des polnischen Ghettos und mit Tränen in den Augen von siebenköpfigen Familien erzählt, die eine ganze Woche von einem Hering und einigen Kartoffeln leben, dann ist ein Wunder geschehen, ein Wunder der Liebe, der Liebe über alle Grenzen hinaus, die engstirniger Nationalismus und manischer Rassenhaß gezogen haben: ein Wunder der Nächstenliebe.

Eine merkwürdige Seite des Prager Theaterlebens füllen die Bühnen von Boskovec und Werich und das Studio "D35" von E.F. Burian aus.

Ein ausgesprochenes proletarisches Theater gibt es hier nicht Aber diese zwei von Intellektuellen geleiteten Bühnen sind für das geistige Leben der Republik die Pfeffer-Sauce sozialer Färbung. Die schonungslose Kritik urtümlicher Spießbürgertums, wie sie vielleicht "Piscator" einst in Berlin war. Boskovec und Werich, zwei den Paragraphen entlaufene Studenten, sind in Prag so populär, wie vielleicht nur noch der gute "alte" Komiker Blosta Burian. Ihr Theater, das bezeichnenderweise den Namen "Befreites Theater" führt, bringt nur die von ihnen selbst geschriebenen Revuen zur Aufführung, die, von der glänzenden Musik Jezeks begleitet, Kritik üben an allen Rückschrittlichen, Verspießerten, Diktatorischen. Mit ihrer Revue "Caesar" feierten sie im vorigen Jahre auch in Wien (in deutscher Sprache, die sie ebenso gut wie tschechisch beherrschen) Triumphe.

Der neueste Film der beiden Komiker ("Hej rup") ist eine glänzende Karikatur moderner Wirtschaftsverhältnisse, und Bilder, wie das Arbeitslosenlied, der deutsche Emigrant im Nachtasyl usw., bleiben unvergänglich im Gedächtnis. Frei von jeder herkömmlichen Tradition, unbeschwert von ererbten Vorurteilen und Theaterkulissen schaffen hier zwei junge Menschen und ihre Mitarbeiter ein neues, gesundes Theater, ein wirklich befreites Theater.

In weltanschaulich – ähnlicher, wenn auch durch angewandte Mittel, verschiedener Weise schaffen E.F. Burian (nicht der Komiker) und sein Kollektiv "D 35" die neue Bühne kollektiven Könnens, die auf Stars und Hauptdarsteller verzichtet und als Masse zur Masse sprechen will. Burians Publikum ist vielleicht kleiner als das von Boskovec und Werich, die volkstümlicher sind, es ist aber um so erlebter, um so bewußter. Burian übt keine direkte Kritik, er zeigt weniger, wie man es nicht machen soll, als vielmehr, wie man es machen soll. Und er macht es gut. Seine letzte Schöpfung ist eine Dramatisierung des "Hohenliedes", eine Aufführung des "Liedes der Lieder" als Sprechchor- und Ballett-Kantate. .Ein mutig gewagtes, aber sicher gelungenes Werk. Auf der Auffassung von Max Brod fußend, läßt Burian drei zentrale Figuren aus der Masse hervortreten: König Salomon (in Frack und Monokel), Schulamith (die Frau, die er besingt) und ihren eigentlichen Geliebten (einen Sklaven S.). Ein Oben und Unten auf der Bühne trennt die Handlung in die Wechselrezitationen des Liebesliedes (oben) und in die Balletttänze und Sprechchöre des unterdrückten Volkes im unteren Halbraum, die Verbildlichung sind zu den wahrhaft biblischen Vergleichen der Rezitation. Wunderbare Harmonie der Sprechchöre, höchste Stärke der Aktion, hervorgeholt mit den einfachsten Mitteln aus einem alten, lyrischen Liebeslied. Wenn zuletzt Schulamith doch ihren Geliebten findet, (trotz Salomo) und die schönen Worte des Liedes zu Ende spricht, geht man weg mit dem Bewußtsein, daß der Mann, der den Prolog und Epilog zur Aufführung spricht, vielleicht doch Recht hat mit dem Postulat einer "Liebe, die stärker sei als der Tod und alle Hindernisse besiege" (wenn wir auch 1934 schreiben).

Aus Burians Repertoire erwähne ich noch Aktualisierungen des "Avare" von Moliere und des "Kaufmannes von Venedig". Neu einstudiert wird Brechts Dreigroschenoper.

So wächst die Stadt, in der Solches und Ähnliches gespielt und gesprochen wird, über die Norm ihrer Evolution hinaus, als Podium freier Geister, als Nährboden wahrer, weil echter Kunst.

Erschienen im *Czernowitzer Morgenblatt*, Dezember 1934

Gottfried Brenner, Ruine einer Synagoge in Polen, Pastell auf Papier, 1958.

Hedwig und Gottfried Brenner nach der standesamtlichen Trauung in Putna (Bukowina) am 17. Februar 1939

Hedwig Brenner

geboren 1918 in Czernowitz, Vater Dr. iur. Adolf Langhaus, Mutter Friederike, geb. Feuerstein, Lehrerin. Studium der Kunstgeschichte in Wien und Genf. 1938 Rückkehr nach Czernowitz. 1939 Heirat mit Gottfried Brenner und Übersiedlung ins Petroleumgebiet Ploiesti. 1940 bei einem Besuch in Czernowitz durch die sowjetische Besatzung festgehalten. Von 1941 bis 1944 erlebte sie deutsch-rumänische Besatzung und das Ghetto (10.10.–15.11.1941). Seit der Rückwanderung nach Rumänien 1945 Geburt zweier Söhne und Studium am Institut für medizinische Assistentinnen in Ploiesti, danach ein Jahr am Krankenhaus "Brancovenesc" in Bukarest, Studium und Praktikum der Physiotherapie bei Prof. Dr. Dinescu, danach Anstellung als diplomierte Physiotherapeutin an der 2. Poliklinik in Ploiesti bis 1980. - 1982 Emigration der Familie nach Haifa. – Veröffentlichungen:

Hedwig Brenner, Jüdische Frauen in der bildenden Kunst - Ein biographisches Verzeichnis. Geleitworte von Pnina Navè Levinson und Margarita Pazi s.A. Konstanz 1998, 236 Seiten, 20,35 €. ISBN 3-89649-199-7

Hedwig Brenner, Jüdische Frauen in der bildenden Kunst II. Konstanz 2004, 376 S. mit Bilder-CD auch zu Band I und www.uni-konstanz.de/judaica/kuenstlerinnen, *24,80 €. ISBN 3-89649-913-0*

Hedwig Brenner, Jüdische Frauen in der bildenden Kunst III – Ein biographisches Verzeichnis. Unter Mitarbeit von Jutta Obenland. Konstanz 2007, 264 Seiten, mit einer Bilder-CD, Fotos, 22,50€. ISBN 3-86628-120-X

Hedwig Brenner, Jüdische Frauen ein der bildenden Kunst IV – Ein biographisches Verzeichnis. Unter Mitarbeit von Jutta Obenland. Konstanz 2011, 174 Seiten, mit einer Bilder-CD, Fotos. ISBN 978-3-86628-333-6 & 3-86628-333-4

Hedwig Brenner, Mein altes Czernowitz – Erinnerungen aus mehr als neun Jahrzehnten 1918–2010. Konstanz 2010, 129 Seiten, viele Fotos. ISBN 978-3-86628-320-6 & 3-86628-320-2

Hedwig u. Gottfried Brenner, Zum Andenken und Nachdenken – Kurzgeschichten, Lyrik und Malerei aus Czernowitz und Israel. Konstanz 2011, 154 Seiten, zahlreiche Farbdrucke und Fotos. ISBN 978-86628-399-2 & 3-86628-399-7 <u>Neu!</u>

Außerdem: "Leas Fluch" (2005) und "Mein 20. Jahrhundert"(2006), Munda Verlag, Brugg (Schweiz); Lyrik, Essays, Feuilletons in diversen deutschsprachigen Zeitschriften: Das Neue Israel (Zürich), Aufbau (New York), Zwischenwelt (Wien), Mnemosyne (Klagenfurt), Israel Nachrichten (Tel Aviv), Die Stimme (Tel Aviv), Vier Gedichte in Shalom Haverim (Anthologie), hrsg. von Radu Barbulescu, München, Arche Noah's, München 2004. Weitere Gedichte in anderen Sammelbänden.

Gottfried Brenner (1913–1998)

geboren in Czernowitz, damals Österreich, als Sohn von Dr. phil. Ephraim Brenner und Paula (geb. Kohn). 1914/18 mit den Eltern als Flüchtling in Wien, dann Lyzeum in Czernowitz,. 1930/36 Studium der Elektrotechnik an der Deutschen Technischen Hochschule, Prag, Dipl.-Ing. summa cum laude.

Bereits während des Studiums journalistische Tätigkeit (Interviews, Lyrik, Feuilletons in deutschsprachigen Zeitschriften, Malunterricht bei Prof. Arthur Kolnik. 1936/39 Elektroingenieur in der Zementfabrik Putna, Bukowina (Rumänien).1939 Heirat mit Hedwig Langhaus. 1939/40 Elektroing. bei Astra-Romana (Tochtergesellschaft der Royal Dutch Shell)

Gottfried Brenner in Prag und 1982

1941/44 in Czernowitz unter rumänischer und deutscher Besatzung. Ghetto, Zwangsarbeit bei Aufbau zerstörter Industrieanlagen. 1945 Emigration nach Rumänien und bis zur Pensionierung weiter bei Astra-Romana, nach der Nationalisierung der Industrie bei Sov-rom-petrol.

1947 Geburt des Sohnes Paul, 1950 Geburt des Sohnes Michael. Ausreisegenehmigung erst acht Jahre nach der Pensionierung.

Niederlassung in Haifa. Zahlreiche Veröffentlichungen von Gedichten, Essays und Feuilletons in *Mnemosyne* (Klagenfurt), *Das neue Israel* (Zürich), *Die Stimme* (Tel Aviv).

Paul Brenner

2009

geboren 1947 als Sohn von Gottfried und Hedwig Brenner in Ploiesti (Rumänien). Er besuchte das Knabenlyzeum in Ploiesti und erhielt Malunterricht von seinem Vater. 1965/69 Studium von Elektrotechnik an der Polytechnischen Hochschule Bukarest, danach lehrte er Elektrotechnik an einer Technischen Mittelschule in Onesti (Rumänien). 1973 Heirat mit Angelika Leibovici; es folgte eine sechsmonatige Militärausbildung, danach und bis zu seiner Emigration nach Israel 1982 als Elektroingenieur im Kohlen-Trust (Ploiesti) tätig. In Israel arbeitete als Elektriker in einer Konservenfabrik, 1985–2009 als Elektroingenieur im Elektrizitätswerk Haifa., mußte dann krankheitshalber in Rente gehen. Seit 2009 malt er und seine Bilder nahmen an einigen Gruppenausstellungen in Yaffo, Haifa und London teil.

Hedwig Brenner mit Sohn Michael Brenner in Wien, Juni 2011

Dr. Drs. h.c. Erhard Roy Wiehn, M.A.

Professor (em.) im Fachbereich Geschichte und Soziologie der Universität Konstanz; Veröffentlichungen vor allem zur Schoáh & Judaica (dazu S. 152ff. sowie Internet u. Wikipedia)

Dieses surrealistische Aquarell hat Gottfried Brenner zusammen mit Sohn Michael und den Enkeln Dan und Andrew sieben Tage vor seinem Tod 1998 gemalt; er nannte dieses Gemeinschaftswerk "Cow in love with hats" ("Kuh verliebt in Hüte")

Edition Shoáh & Judaica/Jewish Studies
von/by Prof. Erhard Roy Wiehn
Hartung-Gorre Verlag/Publishers, Konstanz, Germany
Titel 8/2011   http://www.uni-konstanz.de/soziologie/judaica

Czernowitz- und Transnistrien-Literatur nach AutorInnen in der Reihenfolge ihres Erscheinens:

Margit Bartfeld-Feller, Dennoch Mensch geblieben – Von Czernowitz durch Sibirien nach Israel 1923/96. Konstanz 1996, 121 Seiten, 12,68 €. ISBN 3-89649-029-X: Vergriffen, jetzt in: Margit Bartfeld-Feller, Am östlichen Fenster. Konstanz 2002!

Margit Bartfeld-Feller, Nicht ins Nichts gespannt – Von Czernowitz nach Sibirien deportiert. Jüdische Schicksale 1941–1990. Konstanz 1998, 108 S., 12,68 €. ISBN 3-89649-327-2

Margit Bartfeld-Feller, Wie aus ganz andern Welten - Erinnerungen an Czernowitz und die sibirische Verbannung. Konstanz 2000, 72 Seiten, 11,25 €. ISBN 3-89649-527-5

Margit Bartfeld-Feller, Am östlichen Fenster – Gesammelte Geschichten aus Czernowitz und aus der sibirischen Verbannung. Konstanz 2002, 270 Seiten, 30,95 €. ISBN 3-89649-672-7

Margit Bartfeld-Feller, Unverloren – Weitere Geschichten aus Czernowitz und aus der sibirischen Verbannung. Konstanz 2005, 102 S. 14,80 € ISBN 3-89649-926-2

Margit Bartfeld-Feller, I proschedscheje ne uchodit (russisch: Und Vergangenes vergeht nicht). Konstanz 2005, 115 Seiten, 14,80 €. ISBN 3-86628-036-X

Margit Bartfeld-Feller, Erinnerungswunde – Weitere Geschichten aus Czernowitz und aus der sibirischen Verbannung. Konstanz 2007, 106 Seiten. ISBN 3-86628-151-X

Margit Bartfeld-Feller, Aschenblumen – Eine Fotodokumentation aus Czernowitz sowie von der der sibirischen Verbannung und danach. (Deutsch u. russisch) Konstanz 2008, 312 Seiten, 24,80 €. ISBN 3-86628-187-0

Margit Bartfeld-Feller, Mama Cilly – Geschichten aus Czernowitz und aus der sibirischen Verbannung. Konstanz 2009, 62 Seiten, Fotos. ISBN 978-3-86628-273-5

Margit Bartfeld-Feller, Nachhall – Weitere Geschichten aus Czernowitz und aus der sibirischen Verbannung. (Deutsch u. russisch) Konstanz 2011, 121 Seiten, viele Fotos. ISBN 978-3-86628-361-9 & 3-86628-361-X: Neu!

Hedwig Brenner, Mein altes Czernowitz – Erinnerungen aus mehr als neun Jahrzehnten 1918–2010. Konstanz 2010, 129 Seiten, Fotos. ISBN 978-3-86628-320-6 & 3-86628-320-2

Hedwig u. Gottfried Brenner, Zum Andenken und Nachdenken – Kurzgeschichten, Lyrik und Malerei aus Czernowitz und Israel. Konstanz 2011, 154 Seiten, Farbdrucke und Fotos. ISBN 978-86628-399-2 & 3-86628-399-7: Neu!

Mali Chaimowitsch-Hirsch, Kindheit und Jugend im Schatten der Schoáh – Jüdische Schicksale in der Bukowina 1928-1990. Konstanz 1999, 61. Seiten. ISBN 3-89649-442-2

Sassona Dachlika, "Volksfeinde" – Von Czernowitz durch Sibirien nach Israel. Eine Erzählung. Konstanz 2002, 140 Seiten. ISBN 3-89649-802-9

Jewgenija Finkel u. Markus Winkler, Juden aus Czernowitz – Ghetto, Deportation, Vernichtung 1941–1944. Überlebende berichten. Aus dem Russischen von Kateryna Stetsevych. Konstanz 2004, 124 Seiten, 16,80 €. ISBN 3-89649-892-4

Sidi Gross, Zeitzeugin sein – Geschichten aus Czernowitz und Israel. Konstanz 2005, 88 Seiten, Fotos. ISBN 3-86628-016-5

Sidi Gross, Überlebt und weitergelebt – Weitere Geschichten aus Czernowitz und Israel. Konstanz 2007, 138 Seiten. ISBN 3-86628-142-0

Sidi Gross, In entzweiter Zeit – Weitere Geschichten aus Czernowitz, der Schoáh und Israel. 111 Seiten, Fotos. Konstanz 2010. ISBN 978-3-86628-322-0 & 3-86628-322-9

Jakob Honigsman, Juden in der Westukraine – Jüdisches Leben und Leiden in Ostgalizien, Wolhynien, der Bukowina und Transkarpatien 1933–1945. Aus dem Russischen von Juri Schatton, herausgegeben von Raymond M. Guggenheim u. Erhard Roy Wiehn. Konstanz 2001, 380 Seiten. ISBN 3-89649-647-6

Bernhard u. Laura Horowitz mit Edith Pomeranz, Stimmen der Nacht – Gedichte aus der Deportation in **Transnistrien** 1941–1944. Konstanz 2000, 84 Seiten. ISBN 3-89649-546-1

Lotti Kahana-Aufleger, Jahre des Kummers überlebt – Czernowitz und die **transnistrische** Verbannung 1939–1950. Konstanz 2009. 135 Seiten, Fotos. ISBN 978-3-86628-266-7

Mirjam Korber (Bercovici), Deportiert – Jüdische Überlebensschicksale aus Rumänien 1941–1944. Aus dem Rumänischen und eingeleitet von Andrei Hoişie. (Darin **Transnistrien**) Konstanz 1993, 303 Seite. ISBN 3-89191-617-5

Franka Kühn, Dr. Eduard Reiss – Der erste jüdische Bürgermeister von Czernowitz 1905–1907. Konstanz 2004, 81 Seiten. ISBN 3-89649-891-6

Jacob Melzer, Jankos Reise – Von Czernowitz durch die **transnistrische** Verbannung nach Israel 1941–1946. Konstanz 2001, 222 Seiten. ISBN 3-89649-674-3

Josef N. Rudel, Das waren noch Zeiten – Jüdische Geschichten aus Czernowitz und Bukarest. Konstanz 1997, 70 Seiten. ISBN 3-89649-138-5

Josef Norbert Rudel, Honigsüß und gallenbitter – Aus dem Leben eines Czernowitzers. Konstanz 2006, 59 Seiten. ISBN 3-86628-049-1

Klara Schächter, Wos ich hob durchgemacht – Was ich durchgemacht habe. Brief einer Jüdin aus der Bukowina, verfaßt in **Transnistrien** 1941. Jiddisch und deutsch. Aus dem Jiddischen und eingeleitet von Othmar Andrée. Konstanz 1996, 133 Seiten. ISBN 3-89649-078-8

Emil Wenkert, Czernowitzer Schicksale – Vom Ghetto nach **Transnistrien** deportiert. Jüdische Schicksale 1941–1944. Konstanz 2001, 36 Seiten. ISBN 3-89649-675-1

Erhard Roy Wiehn, Deutsch-ukrainische Aktivitäten – Universitärer, humanitärer, publizistischer und menschlicher Brückenbau von Europa nach Europa. Konstanz 2009 (auch in ukrainischer Sprache, Kiew 2009)

Israel-Literatur nach AutorInnen in der Reihenfolge ihres Erscheinens:

Gretel Baum-Meróm & Rudy Baum, Kinder aus gutem Hause/Children of a Respectable Family – Von Frankfurt am Main nach Israel und Amerika/From Frankfurt to Israel and America 1913/15–1995. Konstanz 1996, 263 Seiten, 20,35 €. ISBN 3-89191-813-5: **Vergriffen, Neuausgabe in Vorbereitung!**

Mosche Robert Fischl, Wiener – Jude – Israeli – Jüdische Familiengeschichte in Österreich und Israel 1928-1964. Konstanz 2002, 100 S., 18,50 €. ISBN 3-89649-787-1

Manfred Mosche Gerson, Ein Leben im 20. Jahrhundert – Von Westpreußen über Berlin und Hannover durch Amerika, NS-Deutschland und Lettland nach Israel 1906–1982. Konstanz 2002, 315 Seiten, 31,90 €. ISBN 3-89649-735-9

Sidi Gross, Zeitzeugin sein II – Weitere Geschichten aus Israel und Czernowitz sowie Rezensionen. Konstanz 2007. ISBN 3-86628-142-0:

Sidi Gross, Zeitzeugin sein – Geschichten aus Czernowitz und Israel. Konstanz 2005, 88 Seiten, 14,80 €. ISBN 3-86628-016-5

Sidi Gross, In entzweiter Zeit – Weitere Geschichten aus Czernowitz, der Schoáh und Israel. 111 Seiten, Fotos. Konstanz 2010. ISBN 978-3-86628-322-0 & 3-86628-322-9

Fritz Joseph Heidecker, Die Brunnenbauer – Jüdische Pionierarbeit in Palästina 1934–1939. Konstanz 1998, 258 Seiten, 23,01 €. ISBN 3-89649-342-6

Nathan Höxter, Jüdische Pionierarbeit – Nach Kindheit und früher Jugend in Berlin ein Leben im Kibbuz Geva und neue Brücken nach Deutschland 1916-2000. Konstanz 2000, 142 Seiten, 20,35 €. ISBN 3-89649-612-3

Schlomo Marcus, Judentum und Israel – Dialogische Meditationen. Mit einem Anhang zu den Herkunftsfamilien Marcus und Eschelbacher sowie autobiographischen Notizen. Konstanz 2010, 90 Seiten. ISBN 978-3-86628-325-1

Michael Merón alias Wladimir Mautner, Wir müssen es alleine schaffen – Von Zagreb durch deutsche Kriegsgefangenschaft und Jugoslawien nach Israel 1915–1997. Konstanz 1997, 83 Seiten, 12,68 €. ISBN 3-89649-089-3

Gerschon Monar, Verpflanzt und neu verwurzelt – Eine jüdische Familiengeschichte aus Leipzig und Halle in Israel 1924-1994. Konstanz 1995, 147 Seiten, 11,25 €. ISBN 3-89191-887-9

Leo Picard, Vom Bodensee nach Erez Israel - Pionierarbeit für Geologie und Grundwasser seit 1924. Konstanz 1996, 290 Seiten, 19,94 €. ISBN 3-89191-799-6

Josef N. Rudel, Wir schöpfen Kraft aus Tränen – Leitartikel aus 'Die Stimme' Tel Aviv. Monatsschrift der Bukowiner Juden. Konstanz 1997, 83 Seiten, 10,12 €. ISBN 3-89649-139-3

Sami Scharon, Hebräer – Juden – Israelis – Zur Entwicklung eines Volkes. Mehr als 3000 Jahre Geschichte neu erzählt. Konstanz 2003, 537 Seiten, 24,80 €. ISBN 3-89649-868-1

Sami Scharon, Operation 'Babylon' – Warum im Irak keine Atomwaffen gefunden wurde. Eine fiktive Aktion des Mossad. Konstanz 2004, 284 Seiten, 14,80 €. ISBN 3-89649-944-0

Alice Schwarz-Gardos, Zeitzeugnisse aus Israel – Gesammelte Beiträge der Chefredakteurin der 'Israel Nachrichten'. Herausgegeben zum 90. Geburtstag der Autorin. Konstanz 2006. ISBN 3-86628-096-3

Alice Schwarz-Gardos, Weitere Zeitzeugnisse aus Israel – Gesammelte Beiträge der Chefredakteurin der 'Israel Nachrichten' Tel Aviv. Konstanz 2007. ISBN 3-86628-134-X

Yoel Sher, Zum Frieden unterwegs – Botschaften eines israelischen Botschafters in Österreich, der Slowakei u. Slowenien 1995–1998. Konstanz 1998, 108 S.,12,68 €. ISBN 3-89649-263-2

Uri Toeplitz, Und Worte reichen nicht – Von der Mathematik in Deutschland zur Musik in Israel. Eine jüdische Familiengeschichte 1812–1998. Mit einem Vorwort von Niels Hansen. Konstanz 1999, 2. Aufl. 2000, 276 Seiten, 24,54 €. ISBN 3-89649-351-5

Markus A. Weingardt, Deutsch-israelische Beziehungen – Zur Genese bilateraler Verträge. Konstanz 1997, 195 Seiten, 24,54 €. ISBN 3-89649-104-0

Erhard Roy Wiehn u. Heide Mirjam Wiehn, Dajénu – Tagebuch einer Israelreise. Konstanz 1986, 2. Auflage 1987, 326 Seiten, 15,24 €. ISBN 3-89191-079-7

Erhard Roy Wiehn, Dajénu II – Eine denkwürdige Dienstreise nach Israel. Konstanz 1988, 464 Seiten, 20,35 €. ISBN 3-89191-186-6: **Vergriffen!**

Schlomo Wollstein, Aus der Schweiz nach Israel – Nach Kindheit und Jugend in Stg. Gallen ein erfülltes leben in Israel und im Weizmann-Institut. Konstanz 2008, 83 Seiten. ISBN 3-86628-216-8

Weitere Literatur siehe Titelverzeichnis: www.uni-konstanz.de/soziologie/judaica

Säntisblick 26, D-78465 Konstanz, Germany – Telefon +49 (0)7533/97227 – Fax 97228
E-mail: Hartung.Gorre@t-online.de & verlag@hartung-gorre.de
oder durch den Buchhandel/or at your book shop!
http://www.hartung-gorre.de

Hedwig Brenner

Mein altes Czernowitz

Erinnerungen
aus mehr als neun Jahrzehnten
1918-2010

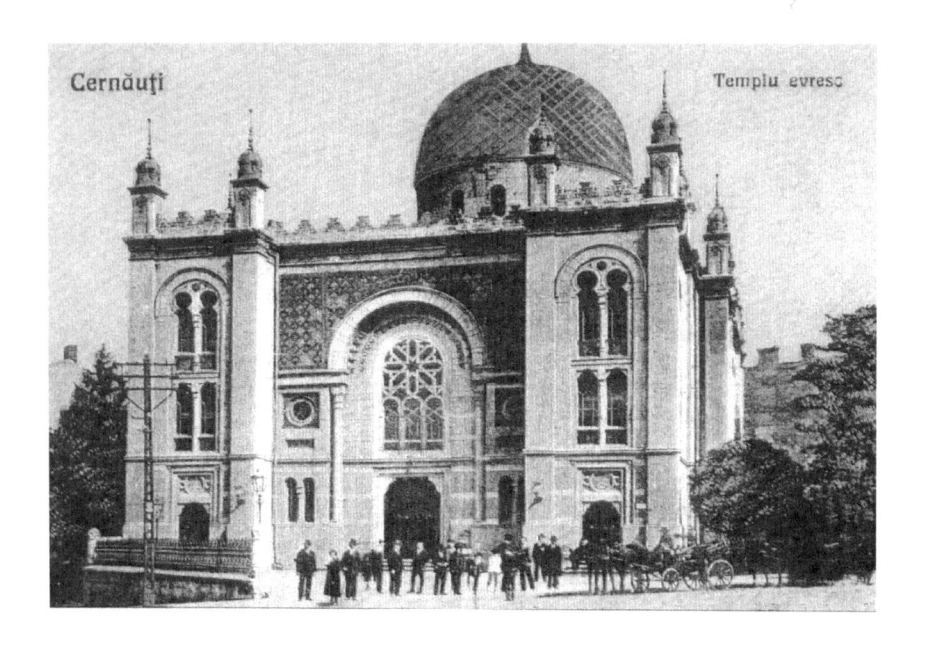

Unter Mitarbeit von Marie-Elisabeth Rehn
Herausgegeben von Erhard Roy Wiehn
Hartung-Gorre Verlag Konstanz
2010

Hedwig Brenner

Jüdische Frauen in der bildenden Kunst IV

Ein biographisches Verzeichnis

Unter Mitarbeit von Jutta Obenland
herausgegeben von Erhard Roy Wiehn
Hartung-Gorre Verlag Konstanz
2011